LLAMADO A LIDERAR

[26] LECCIONES

DE LIDERAZGO DE LA VIDA
DEL APÓSTOL PABLO

JOHN
MACARTHUR

GRUPO NELSON
Una división de Thomas Nelson Publishers
Desde 1798

NASHVILLE DALLAS MÉXICO DF. RÍO DE JANEIRO

© 2011 por Grupo Nelson®
© 2006 por Grupo Nelson bajo el título *Liderazgo*
Publicado en Nashville, Tennessee, Estados Unidos de América. Grupo Nelson, Inc. es una
subsidiaria que pertenece completamente a Thomas Nelson, Inc. Grupo Nelson es una
marca registrada de Thomas Nelson, Inc. www.gruponelson.com

Título en inglés: *The Book on Leadership*
© 2004 por John MacArthur
Publicado por Thomas Nelson, Inc.

El mapa de la página 16 fue dibujado por Phil Johnson.
Editora General: *Graciela Lelli*
Traducción: *Hubert Valverde*
Adaptación del diseño al español: *Robert W. Otero*
Diseño de portada: *David Uttley, UDG\DesignWorks, Inc.*
Diseño interior: *Katherine Lloyd, The DESK*

ISBN: 978-1-60255-437-5

Impreso en Estados Unidos de América
HB 03.15.2018

CONTENIDO

INTRODUCCIÓN

¿Qué es lo que hace a un líder?

¿El rango? ¿El status? ¿La fama? ¿Un castillo? ¿El poder? ¿El estilo? ¿Se confiere automáticamente el liderazgo por medio de un espacio en la tabla organizacional? ¿En qué parte figura la posición y el poder en la fórmula para el liderazgo? Y ¿Cuál es el modelo ideal para los líderes? ¿Es el ejecutivo corporativo?

¿El comandante militar? ¿El jefe de estado?

Jesús respondió a todas esas preguntas con pocas palabras. Su punto de vista con respecto al liderazgo es conspicuamente foráneo a la sabiduría convencional de nuestra época: «Entonces Jesús, llamándolos, dijo: Sabéis que los gobernantes de las naciones se enseñorean de ellas, y los que son grandes ejercen sobre ellas potestad. Mas entre vosotros no será así, sino que el que quiera hacerse grande entre vosotros será vuestro servidor, y el que quiera ser el primero entre vosotros será vuestro siervo; como el Hijo del Hombre no vino para ser servido, sino para servir, y para dar su vida en rescate por muchos» (Mateo 20.25-28).

Según Cristo, entonces, la verdadera clase de liderazgo demanda servicio, sacrificio y una entrega desinteresada. Una persona llena de orgullo y de autopromoción no es un buen líder de acuerdo a los parámetros de Cristo, sin importar cuánta influencia pueda tener. Aquellos dirigentes que miran a Cristo como *su* líder y su modelo supremo de liderazgo tendrán corazones de siervo. Ellos ejemplificarán en sacrificio.

Sé que esas no son las características que la mayoría de las personas asocian con el liderazgo, pero son cualidades esenciales de un enfoque *bíblico* del liderazgo, y esa es la clase de liderazgo que me interesa.

A propósito, note que Jesús expresamente estaba enseñándoles a los cristianos a mirar el liderazgo de una manera diferente y desde un punto de vista radicalmente distinto al que tienen los líderes de este mundo. Es absurdo que los cristianos asuman (como lo hacen muchos actualmente) que la mejor manera en la que pueden aprender de liderazgo es por medio de ejemplos del mundo.

En el cristiano, el liderazgo *siempre* tiene una dimensión espiritual. La tarea de dirigir a las personas contiene ciertas aplicaciones espirituales. Este principio es el mismo para un presidente cristiano de una compañía secular como para el ama de casa cuya esfera de liderazgo quizás no se extienda más allá de sus propios hijos.

Cada cristiano en cualquier tipo de liderazgo es llamado a ser un líder *espiritual*.

En este libro estaré hablando acerca de la dimensión espiritual del liderazgo pero, por favor, no piense que sólo les estoy escribiendo a los pastores, a los misioneros o a los líderes de la iglesia. Le escribo a cada líder que sea cristiano incluyendo al gerente de una fábrica, al entrenador de fútbol o a la maestra de escuela. Todos necesitamos recordar que el papel de liderazgo es una responsabilidad espiritual y que a las personas que dirigimos las administramos para Dios, y es a Él a quien daremos cuenta un día (Mateo 25.14-30).

Si comprende bien su responsabilidad ante Dios como líder, usted puede empezar a ver por qué Cristo representó al líder como un siervo. Él *no* estaba sugiriendo, como muchos lo suponen, que la modestia por sí sola es la esencia del liderazgo. Existen muchas personas humildes, mansas, tiernas, serviciales que no son *líderes*. El verdadero líder inspira a sus seguidores.

Alguien que no tiene seguidores difícilmente puede ser llamado líder. Porque aunque ciertamente el liderazgo demanda un corazón de siervo, no significa que todos los que tienen corazón de siervo son líderes. El liderazgo es mucho más que eso.

En palabras más simples, liderazgo es *influencia*. El líder ideal es alguien cuya vida y carácter motivan a las personas para que le sigan. La mejor clase de liderazgo deriva su autoridad primero de un ejemplo justo y no simplemente por el poder de su prestigio, su personalidad o su posición. En contraste, mucho del «liderazgo» del mundo no es más que una manipulación de personas por medio de amenazas o recompensas. Eso no es un verdadero liderazgo, eso es explotación. El verdadero liderazgo busca motivar a las personas internamente apelando al corazón, no a la presión ni a la coerción externa.

Por todas esas razones, el liderazgo no tiene que ver con el estilo o la técnica sino mas bien con el carácter.

¿Necesita una prueba de que el liderazgo efectivo no tiene que ver con el *estilo*? En la Biblia encontramos un número de estilos de liderazgo diferentes. Elías era un profeta solitario, Moisés delegaba sus tareas a personas de confianza cercanas a él, pero era desenvuelto. Juan era tierno. Pablo era un líder dinámico; aun cuando lo llevaban en cadenas influyó en las personas principalmente a través de la fuerza de sus palabras. Es evidente que su apariencia no era muy imponente (2 Corintios 10.1). Todos eran hombres de acción y cada uno utilizaba sus dones diversos de maneras notablemente diferentes. Sus estilos de liderazgo eran variados y diversos. Pero eran verdaderos líderes.

Nuevamente, pienso que es un error muy serio que los cristianos en el liderazgo pasen por alto esos ejemplos bíblicos de liderazgo y se vuelvan a un modelo secular en busca de esa fórmula obsesionada con el estilo que cree que los hará mejores líderes. Desafortunadamente, existen organizaciones para entrenar a los líderes de la iglesia con técnicas de liderazgo o estilos de administración tomados de «expertos» del mundo. Recientemente leí un libro cristiano que analiza las técnicas administrativas empresariales usadas por Google.com, Amazon.com, Starbucks, Ben & Jerry's, Dell Computers, General Foods y otras prestigiosas corporaciones seculares. Los autores de ese libro de vez en cuando intentan insertar un texto bíblico o dos para respaldar algunos de los principios que enseñan, por eso la mayoría acepta cualquier cosa que produzca «éxito» como un buen modelo para que los líderes de la iglesia imiten.

Poco después, alguien me dio un artículo de la revista *Forbes*. El editor de esa revista dice que un libro exitoso sobre liderazgo de la iglesia y la filosofía del ministerio escrito por un pastor evangélico es «la mejor obra sobre la empresa y los negocios en la inversión que he leído en los últimos años».[1] El editor de la revista *Forbes* dice: «...sin importar lo que piensa acerca de ese pastor o de su creencia religiosa, la verdad es que ha visto la necesidad del consumidor *allí*». Sigue dando un resumen breve del libro, sustituyendo la palabra *negocios* por *iglesia*, demostrando así que los mismos principios de administración que producen las megaiglesias funcionan de la misma forma en el mundo corporativo. Irónicamente, él estaba citando a un pastor que ha adoptado la filosofía de varios empresarios seculares exitosos. La suposición hecha en ambos lados es que lo que «funciona» en el ámbito corporativo se puede transferir automáticamente a la iglesia y viceversa. Por ejemplo, el editor de la revista *Forbes* cita al pastor, diciendo: «La fe y la dedicación no sobrepasarán a la falta de capacidad y tecnología. Suena gracioso oírlo de un predicador pero es cierto».[2]

¿Será eso *verdaderamente* cierto? ¿Le falta algo vital a la fe y a la dedicación que deba suplirse con la capacidad y la tecnología? ¿Ha descubierto de pronto, la teoría de la administración moderna, los principios de liderazgo que hasta la fecha habían estado escondidos? ¿El éxito financiero y el crecimiento corporativo de McDonald's hace que su estilo de administración sea un buen modelo a seguir para los líderes cristianos? ¿Es la influencia de Wal-Mart prueba de que su estilo de liderazgo corporativo es el *correcto*? ¿Es el liderazgo auténtico simplemente una cuestión de técnica? Este enfoque de imitar lo que actualmente funciona en la teoría de la administración secular, ¿es algo que pueda reconciliarse con la declaración de Jesús de que su reino opera bajo un diferente estilo de liderazgo en comparación con los «gobernadores de los gentiles»?

Por supuesto que no. Es un serio error que los cristianos en posiciones de liderazgo estén más preocupados con lo que funciona actualmente en el mundo corporativo que con lo que nuestro Señor enseñó acerca del asunto. Estoy convencido de que los principios de liderazgo que Él enseñó son esenciales para el verdadero éxito en el ámbito secular y espiritual.

Y sólo porque una técnica de liderazgo parezca «funcionar» eficazmente en el ambiente corporativo o político no significa que deba ser aceptado sin ninguna crítica por parte de los cristianos. En otras palabras, uno no se hace líder espiritual estudiando las técnicas de los ejecutivos corporativos. Uno no puede modelar el liderazgo *bíblico* y seguir las tendencias de la Quinta Avenida al mismo tiempo. El liderazgo al estilo de Cristo es mucho más que un *modus operandi*. Reitero, el verdadero liderazgo espiritual tiene que ver totalmente con el carácter y no con el estilo.

Este es el tema de mi libro. Estoy convencido de que hay mejores modelos para los líderes cristianos que Ben and Jerry [una empresa fabricante de helados]. Con seguridad nuestros mentores en el liderazgo espiritual deben ser personas espirituales. ¿No es obvio que el apóstol Pablo tiene más que enseñar a los cristianos acerca de liderazgo que lo que pudiéramos aprender de Donald Trump? Es por esa razón que este libro se basa principalmente en material biográfico del apóstol Pablo en el Nuevo Testamento.

Desde que era estudiante de la secundaria, he devorado biografías de grandes líderes cristianos, predicadores eminentes, pastores distinguidos, misioneros prominentes y otros héroes de la fe. Sus vidas me fascinan y me desafían. Me siento fuertemente motivado por hombres y mujeres que han servido bien a Cristo. Sus vidas han sido un catalizador poderoso que me hace seguir adelante en el dictaminar espiritual. De manera colectiva, ellos han influido en mí tanto como cualquier otra influencia de personas que viven actualmente. Por supuesto, sobre la suma de muchas influencias, como el ejemplo piadoso de mi padre como pastor y predicador de la Palabra, el patrón de oración y la vida consagrada de mi madre. Y de muchos otros mentores espirituales personales que me han enseñado. Pero no puedo descontar el impacto profundo en mi vida de las biografías escritas de personas que uno nunca conocerá cara a cara hasta que llegue al cielo.

De esta cultura actual tibia grito soluciones pragmáticas, fórmulas fáciles, programas de tres, cuatro o doce pasos que puedan responder a la necesidad de todo ser humano.

Ciertamente, ese deseo por tener respuestas prácticas no es necesariamente malo. Aunque la exposición bíblica siempre ha sido mi objetivo principal, lo mismo que la metodología de mi propia predicación y ministerio literario, intento ser tan práctico como pueda en mi enseñanza. (Este libro que tiene en sus manos incluye una lista extensa de 26 principios prácticos para los líderes. Refiérase al apéndice.)

No obstante, siempre he encontrado que la biografía cristiana es inherentemente práctica.

Un libro que expone la historia o la carrera de un cristiano noble no necesita generalmente ser ampliado con pasos explícitos o amonestaciones dirigidas al lector. El testimonio de una vida piadosa por sí misma es suficiente para motivar a las personas. Es por eso que atesoro las historias y los recuerdos de la vida de los líderes piadosos. De todas las biografías que he leído y de las vidas que han dejado marca en mi carácter no existe otro mortal que haya dejado una impresión más profunda que la del apóstol Pablo. A veces siento que sé más de él que de cualquiera otra persona, exceptuando Cristo, porque he dedicado una gran porción de mi vida a estudiar el recuento bíblico de su vida, de sus cartas y de su ministerio, aprendiendo liderazgo a sus pies.

En los noventa, dediqué varios años predicando Segunda de Corintios, que incluye parte del material autobiográfico más significativo de Pablo en toda la Escritura. No existe una epístola o alguna porción del libro de los Hechos que exponga el verdadero corazón de Pablo con la misma claridad o pasión que con frecuencia se pasa por alto en esa epístola. Es más que una autobiografía; es una mirada muy personal a la profundidad de su alma. Es una perspectiva al carácter de un cristiano que es líder y que camina íntimamente con Dios.

Nos revela cómo puede ser una persona que verdaderamente busca el rostro de Jesucristo. Aquí hay un ejemplo para aquellos que quieren ser líderes espirituales. He aquí el patrón. He aquí el ejemplo en carne y hueso. He aquí el mentor.

Es por eso que he basado la mayor parte de este libro en el material autobiográfico y biográfico extraído del capítulo 27 de los Hechos y de la Segunda Epístola a los Corintios. Estos pasajes muestran lo mejor de Pablo como líder. Aquella persona que simplemente le dé un vistazo a estas páginas puede estar tentada a pensar: *Esto tiene que ver solamente con Pablo;*

no conmigo. Pero en realidad tiene que ver con lo que debemos ser. Lo dijo el mismo Pablo: «Por tanto, os ruego que me imitéis» (1 Corintios 4.16). «Sed imitadores de mí, así como yo de Cristo» (11.1). Él era un verdadero ejemplo de un líder a la imagen de Cristo.

Comenzaremos con varios capítulos examinando cómo el liderazgo de Pablo estaba manifiesto en esas situaciones sumamente peculiares en un naufragio donde él era la persona de menor rango a bordo. Y no obstante demostró sus poderes extraordinarios de liderazgo.

La segunda parte del libro examinará los principios de liderazgo desde varios pasajes clave de Segunda de Corintios. Mi interés en el liderazgo aumentó y mi comprensión de sus principios se afinó cuando prediqué acerca de esa maravillosa epístola. Como veremos, está llena de una perspectiva muy clara de cómo dirigir a las personas.

La tercera parte de la obra se centra en nuestro estudio de liderazgo con dos pasajes clave. Uno extraído de 1 Corintios 9.24-27 y otro de Hechos 6.1-7. Estos dos últimos capítulos presentan consejos clave acerca del carácter del líder y de su disciplina personal.

Lo que aprendemos del apóstol Pablo es lo mismo que Jesús enseñó, no es el estilo, ni la técnica, ni la metodología sino el *carácter*, la verdadera prueba bíblica de un gran liderazgo. Los negocios son maravillosos, pero el empresario más capacitado del mundo que no tiene carácter no es un verdadero líder. El planeamiento estratégico es importante, pero si no tiene líderes que hagan que las personas lo sigan, su plan estratégico fracasará. La claridad de una declaración de propósito bien presentada es crucial, pero el verdadero líder espiritual debe ir más allá de aclarar el enfoque de las personas. El verdadero líder *es un ejemplo a seguir*. Y el mejor ejemplo a seguir, lo sabía Pablo, es aquel que sigue a Cristo.

Por lo tanto la Escritura, no el mundo corporativo o la arena política, es la fuente de autoridad a la cual necesitamos mirar para poder aprender la verdad acerca del liderazgo espiritual. Este enfoque, espero, será lo que sobresalga como mayor distintivo de este libro.

Por supuesto que para el cristiano los principios bíblicos deben también ser llevados y aplicados al ambiente corporativo, a la vida familiar, a la política y a toda la sociedad. Los principios bíblicos de liderazgo no son solamente para el templo. De hecho, los cristianos deben ser los que marquen las tendencias en todo el liderazgo corporativo, político o secular, en lugar de estar pidiendo prestado del mundo lo que parezca «funcionar». He escrito esta obra pensando en toda clase de líderes. He escrito otras que hablan específicamente del liderazgo en la iglesia y de la filosofía del ministerio, pero ese no es mi objetivo aquí. Más bien es impartir principios bíblicos de liderazgo de una forma que espero sea de beneficio para los líderes en todo ambiente: líderes de negocios, líderes cívicos, líderes de la iglesia, padres, maestros, discipuladores personales, líderes de jóvenes, etc.

¿Se supone que todos deben ser líderes? Obviamente no todos son llamados a ser líderes en el mismo nivel, o el liderazgo por definición no existiría (1 Corintios 12.18-29). Pero todo cristiano es llamado a ser un líder en algún nivel, porque a todos se nos ha dado un mandato de enseñar e influir en los demás. La Gran Comisión de Cristo es un mandamiento para «hacer discípulos en todas las naciones... enseñándoles que guarden todas las cosas que os he [Cristo] mandado» (Mateo 28.19-20). El escritor de Hebreos amonestaba a sus lectores por su inmadurez espiritual diciendo: «debiendo ser maestros» (5.12). Es claro, entonces, que todos los cristianos somos llamados a influir en los demás y a enseñarles la verdad de Cristo.

Por lo tanto, sin importar cuál sea su status, posición, talento u ocupación, usted es llamado a ser líder en algún nivel. Este libro es para usted, se catalogue o no realmente como un «líder». Mis oraciones son porque aspire a la clase de liderazgo que el apóstol Pablo ejemplificó: un liderazgo osado, sin transigir, fiel y espiritual, que inspire a las personas a ser imitadores de Cristo.

PRIMERA PARTE

PABLO ENCADENADO: LIDERAZGO EN ACCIÓN

Capítulo uno

GÁNESE LA CONFIANZA

El mundo y la iglesia enfrentan una crisis de liderazgo. Mientras escribo estas palabras, los encabezados de la prensa secular hablan de líderes en el mundo corporativo que son culpables de una atroz negligencia moral. Ellos han llevado a la bancarrota a corporaciones gigantes por su ambición. Se han involucrado en intercambios ilegales internos.

Han mentido, hecho trampa, robado y estafado. La cantidad y la escala de la corrupción corporativa actual son casi inconcebibles.

En el ámbito político, la imagen es aun más sombría. Los escándalos morales que sacudieron la Casa Blanca durante el periodo de Clinton cambiaron el clima de la política americana. La lección de ese episodio (en lo que respecta a algunos políticos) parecía ser que una persona puede mentir, hacer trampa, no tener integridad moral y aún así no perder necesariamente su carrera como político. La integridad personal, en apariencias, no es más un requisito para participar en la política. En la cultura post-Clinton, una indiscreción seriamente moral parece no ser un impedimento significativo entre los candidatos que buscan un puesto público.

En la iglesia visible, es triste, las cosas apenas son un poco mejor. Los escándalos de los televangelistas de los ochenta no se han olvidado.

No mucho ha cambiado en la estela que dejaron. Ahora, el estado de la llamada televisión «cristiana» es peor que antes. La mayoría de sus celebridades todavía sigue haciendo apelaciones interminables de dinero por ambición. Músicos cristianos siguen avergonzando a la iglesia con fracasos morales escandalosos. Y todavía oímos regularmente de pastores que desacreditan sus propios ministerios y se descalifican a sí mismos fallando en lo que importa más en el liderazgo: el carácter.

Ambas partes, la iglesia y el mundo, parecen haber intercambiado la noción de liderazgo por la celebridad. Los héroes de la actualidad son personas que son famosas por ser famosas. No son necesariamente (y ni siquiera por lo general) hombres y mujeres de carácter. El verdadero liderazgo escasea.

En un sentido, sin embargo, esta falta de liderazgo presenta una tremenda oportunidad. El mundo pide líderes. Líderes que sean grandes, heroicos, nobles y confiables. Necesitamos líderes en cada nivel del orden social, desde los políticos en el ámbito internacional hasta los espirituales en la iglesia y la familia.

Y la mayoría de las personas reconocen esa necesidad. Recientemente asistí a una reunión especial de presidentes en la Universidad del Sur de California. Una conferencia de liderazgo también se realizaba en un salón adyacente al mismo tiempo. Durante la hora del almuerzo hubo un momento para unir a ambos grupos. En el pasillo principal había una mesa mostrando docenas de libros sobre liderazgo. Mientras escuchaba los comentarios de las personas y veía literalmente la mesa de los libros, me di cuenta que la severidad de la crisis de liderazgo actual es de conocimiento popular. Sin embargo, la forma de resolver esa crisis parece ser un enigma para la mayoría, aun para algunos de los hombres más poderosos en el espectro académico.

¿Es posible que las personas no vean que la crisis de liderazgo surge de una pérdida de integridad? No lo creo. De hecho, los títulos en la mesa de los libros incluían varios volúmenes que enfatizaban la necesidad del carácter, la decencia, el honor y la ética. Las personas pueden tener al menos una vaga noción de que los asuntos de carácter se encuentran en la médula de la crisis de liderazgo.

El problema es que vivimos en una era en la que la definición misma del carácter se ha vuelto borrosa. La gente se lamenta de la pérdida de integridad en términos generales, pero pocos tienen una idea clara de lo que la «integridad» significa.

Los parámetros morales han desaparecido sistemáticamente. Nuestra sociedad es la primera desde el decadente Imperio Romano que ve la homosexualidad de manera normal.

Vivimos en la primera generación en cientos de años que ha legalizado el aborto. El adulterio y el divorcio son una epidemia. La pornografía es ahora una industria enorme y una gran plaga en el carácter moral de la sociedad. Ya no existen parámetros morales o éticos que sean aceptados universalmente. No es de extrañar porque la integridad es difícil de encontrar.

Pero soy optimista. Estoy convencido de que esta es una era de oportunidad sin precedentes para la iglesia, si la aprovechamos. Ese vacío de liderazgo pide ser llenado. Si hombres y mujeres piadosos dan un paso al frente y dirigen, las personas están listas para seguir el ejemplo correcto. Los tiempos hostiles y las circunstancias adversas no son un impedimento para el verdadero líder. De hecho, la gran adversidad puede convertirse en una gran ventaja mediante el poder de un líder influyente.

Podemos ver una ilustración de esa verdad, en un microcosmos, con la experiencia del apóstol Pablo en Hechos 27.
Si quiere un modelo humano de liderazgo, no creo que encontrará uno mejor que Pablo. Pablo es mi héroe como líder. Él era un verdadero líder de las personas y su liderazgo se demostró en cualquier situación concebible.

Sus habilidades de liderazgo no tenían que ver con títulos. Él no era gobernador de un territorio; comandante de alguna tropa; no pertenecía a la nobleza. Dios le había conferido el título de apóstol, pero este era el único, y no tenía ninguna relevancia aparte de la iglesia. No obstante, en Hechos 27, lo vemos encargándose de una situación en un ambiente hostil secular cuando otros hombres, hombres poderosos, demostraron que eran incapaces de dirigir.

Pablo no era (especialmente en esta situación) un hombre de una gran posición. Era, sin embargo, un hombre de gran influencia, un líder natural. Lo que encontramos en Hechos 27 es una situación muy interesante. Pablo estaba comenzando su largo viaje de Cesarea a Roma, donde sería enjuiciado en la corte del César. Él iba encadenado como prisionero.

PABLO EN CESAREA

Cesarea, el principal puesto de avanzada de la milicia romana en la costa de Israel, exactamente al oeste de Jerusalén y un poco más al norte de la ciudad actual de Tel Aviv, era el puerto principal y donde los oficiales romanos llegaban durante la ocupación de Israel. También era la capital de la provincia de Judea y el hogar de los procuradores romanos. Ahí vivió Pilato durante el tiempo de Cristo. Su cultura era completamente romana.

El apóstol Pablo había sido llevado a Cesarea como prisionero. Su vida como misionero y fundador de iglesias parecía haber acabado. Cuando volvió de su tercer viaje misionero en Hechos 21.15, regresó a Jerusalén.

Había recolectado dinero de las iglesias gentiles de toda Asia para darlo a la de Jerusalén porque las necesidades de esta eran muy grandes.

En Hechos 21.11, el profeta Agabo había prevenido a Pablo diciéndole que sería apresado por los judíos en Jerusalén y entregado a los gentiles. Pablo sabía que esa profecía era cierta, pero estaba comprometido con el ministerio que Dios le había llamado a hacer y respondió: «Porque yo estoy dispuesto no sólo a ser atado, mas aun a morir en Jerusalén por el nombre del Señor Jesús» (v. 13).

Según Hechos 21.27, Pablo fue al templo de Jerusalén, donde había sido visto por algunos judíos de Asia que lo reconocieron. Lo acusaron falsamente de profanar el templo. Sabían que viajaba con Trófimo, que era un gentil. Hechos 21.29 dice que ellos supusieron falsamente que Pablo había llevado a Trófimo con él al templo, algo que era prohibido para los gentiles.

Así que iniciaron un gran motín por lo que había comenzado como un simple malentendido generado por su odio a Pablo. Este fue arrestado y llevado a Cesarea para ser enjuiciado. Aparentemente, los romanos no sabían qué hacer con él. Pareciera que sólo lo arrestaron para pacificar a los líderes judíos que estaban gritando venganza contra él. Por más de dos años lo mantuvieron bajo custodia en Cesarea (Hechos 24.27). Fue llevado a juicio primero ante Félix, luego ante Festo, y después ante Herodes Agripa II. Dos gobernadores romanos y el último, de la dinastía herodiana, oyeron personalmente su caso. Cada uno de ellos sabía que Pablo no merecía la muerte ni las cadenas, pero lo mantuvieron en prisión de todas maneras porque si lo liberaban, eso habría creado problemas políticos con los líderes judíos de Jerusalén.

Fue durante el juicio ante Festo que Pablo apeló directamente al César. Este era su derecho como ciudadano romano. De acuerdo con Hechos 26.32, Agripa le dijo privadamente a Festo: «Podía este hombre ser puesto en libertad, si no hubiera apelado a César» (Hechos 26.32). Quizás realmente era cierto.

Sin embargo, es más probable que Herodes y Festo hubieran continuado usando a Pablo como su peón. Pero como este había apelado a Nerón, fue enviado a Roma.

Ese es el contexto histórico al principio de Hechos 27. Pablo está en Cesarea. Va a ser enviado a Roma para enfrentar un juicio ante Nerón. Su largo periodo en la prisión de Cesarea acabó y ahora un nuevo capítulo comienza entretanto que el procurador romano hace arreglos para ese viaje largo hacia Roma.

PABLO BAJO CUSTODIA

En este momento, la narración del libro de los Hechos cambia de marcha. Lucas comienza a escribir en primera persona, sugiriendo que de alguna forma se le permitió ir como compañero de Pablo en el viaje hacia Roma. De ese modo lo que escribe es el testimonio de primera mano, una crónica de un testigo inspirado. Lucas comienza a darle colorido a los detalles.

En efecto, ese capítulo de los Hechos se dice que contiene más información acerca de los marineros en la antigüedad que prácticamente cualquier otra fuente del primer siglo. Y, sorprendentemente, la Escritura dedica más palabras a detallar la jornada de Pablo de Cesarea a Roma que a la Creación en el libro del Génesis. Eso demuestra que es un relato importante cuando comienza la jornada a Roma, Pablo claramente estaba en el rango más bajo de las personas que viajaban en el barco. No tenía ninguna autoridad ni responsabilidad. No tenía derechos. Como prisionero, se encontraba en el fondo física y socialmente hablando.

He dedicado algún tiempo de ministerio a las prisiones. De hecho, recientemente visité una donde algunos hombres muy conocidos están encarcelados. Uno de ellos solía ser presidente de una de las compañías más grandes de seguros de vida en Estados Unidos. Otro era un contratista famoso de edificios que había hecho millones antes de perderlo todo en alguna clase de escándalo fraudulento. Había varias personas formidables en esa prisión, personas que estaban acostumbradas al poder, hombres que sabían lo que era tener autoridad. Junto con ellos se encontraban también narcotraficantes, miembros neonazis de la hermandad Adriana y varios criminales callejeros.

Pero, ¿sabe qué noté? Ninguno tenía una agenda. Ninguno tenía teléfono celular, secretarias, trajes elegantes o corbatas de seda. Los habían despojado de todas las muestras de poder. Se les decía cuándo tenían que levantarse, cuándo tenían que comer, cuándo hacer ejercicios y cuándo ir a trabajar en la lavandería. Ninguno tenía autoridad.

Es más, llevé una Biblia para dársela a cierto prisionero, pero me dijeron que no me permitían dársela. La única forma para hacerlo era a través del capellán designado de la prisión y este tenía que quitarle la pasta de la cubierta para que ningún prisionero pudiera usarla como arma.

Los prisioneros no tienen autoridad. Esa era la situación de Pablo. Sin lugar a dudas, el barco en el cual iba a viajar era seleccionado por los oficiales romanos. Fue puesto en la compañía de un hombre llamado Julio que era, de acuerdo a Lucas, «un centurión de la guardia Augusta» (Hechos 27.1), una cohorte imperial. Por ser centurión, Julio tenía cien hombres bajo su mando y trabajaban específicamente para César. En lo que respecta a los centuriones, él era uno de los más altos en rango en todo el ejército romano, y sus hombres seguramente eran de la élite de los soldados.

A propósito, una nota interesante. Cada vez que hay una referencia de un centurión romano en la Escritura, usted encontrará un hombre de integridad, un hombre respetable, inteligente y virtuoso. Los romanos no eran muy buenos para seleccionar gobernadores, pero aparentemente sabían cómo seleccionar centuriones. Leemos acerca de estos en Mateo 8 y Lucas 7, Marcos 15, Hechos 10, Hechos 22 y Hechos 24, y todos eran hombres de referencia y honor. Julio no es la excepción.

Lucas escribió: «Y embarcándonos en una nave adramitena que iba a tocar los puertos de Asia» (Hechos 27.2). El plan era que Julio llevara ese barco a Adramitea y en algún otro puerto en el camino abordarían otro barco hasta Roma.

El versículo concluye: «... estando con nosotros Aristarco, macedonio de Tesalónica». Aristarco era un amigo y compañero de Lucas y Pablo. Se menciona en Hechos 20.4 como uno de los miembros de la iglesia de Tesalónica que acompañaron a Pablo hasta Jerusalén después de su tercer viaje misionero. De acuerdo con Hechos 19.29, Aristarco se encontraba con Pablo en Éfeso cuando la ciudad completa se amotinó por la predicación del evangelio. Sin duda alguna era un gran amigo y compañero de Pablo, además de creyente y ministro. Aparentemente se mantuvo con el apóstol a través de todos esos años de prisión en Cesarea. Ahora habría acompañado a Pablo y Lucas en su viaje a Roma.

Esa es la escena. Pablo es un prisionero. El barco con seguridad tenía un capitán y probablemente un contramaestre. En orden descendente también habría marineros con diferentes rangos. Supervisando la custodia de Pablo se encontraba el centurión romano y los versículos 31-32 nos dicen que tenía algunos soldados con él, los mejores. Por tanto, había muchas personas con autoridad en ese barco.

Pablo no era uno de ellos. Él se encontraba al fondo de todo, quizás hasta literalmente. Sin duda estaba en la parte más baja de la nave.

PABLO EN LIBERTAD

Pero Julio parecía ser un hombre noble y Hechos 27.3 dice que después de un día de viaje, durante la primera parada, en Sidón, a unos cien kilómetros al norte de la costa mediterránea de Cesarea, él «tratando humanamente a Pablo, le permitió que fuese a los amigos, para ser atendido por ellos».

La expresión «ser atendido» es un término médico. Indica que el apóstol Pablo probablemente estaba sufriendo de alguna clase de enfermedad. Eso no es de extrañar en quien había sido prisionero por mucho tiempo. Por supuesto, Lucas era un doctor (Colosenses 4.14) y una de sus actividades, sin lugar a dudas, era cuidar de Pablo. Pero algo con respecto a su enfermedad lo hizo tener que bajar del barco. Él no hubiera podido obtener descanso, mejorar su dieta o tener el cuidado que necesitaba mientras se mantuviera en la nave. Y por eso Julio le permitió a Pablo que fuera atendido por sus amigos. Ellos ministraron las necesidades físicas de Pablo y este sin duda ministró sus necesidades espirituales.

Algo muy inusual. Julio pudo haber enviado uno o más soldados que acompañaran a Pablo y a su gente. Pero haberle dado a Pablo, un importante político prisionero, tanta libertad era algo muy irregular. Después de todo, había estado ante el gobernador Félix, el gobernador Festo y el rey Agripa. Había sido marcado como una amenaza lo suficientemente seria para la *Pax Romana*, la paz del Imperio Romano, al grado que lo mantuvieron prisionero por más de dos años. Se le había acusado por motines en la ciudad de Jerusalén. El actual cargo que se le dio ante Félix era que Pablo era una «plaga» (Hechos 24.5), un creador de disensión entre los judíos del mundo y el cabecilla de la secta de los nazarenos (v. 5). Su caso ahora sería escuchado ante César. Uno nunca le da esa clase de libertad a un prisionero sin ninguna razón.

Si un soldado romano perdía un prisionero por negligencia, le costaba la vida. Oímos hablar de eso más adelante en el recuento de Lucas (27.42-43) y, sin embargo aquí, Julio le da permiso a Pablo para visitar a sus amigos en Sidón y recibir cuidado de ellos.

Julio era un importante centurión romano. Era un soldado altamente entrenado, un rudo luchador veterano con las habilidades de un comandante y la actitud mental de un sargento. ¿Por qué dejaría él a un prisionero tener libertad después de haber estado bajo su custodia solamente un día?

Sólo hay una respuesta: confiaba en Pablo.

Este es el primer principio del liderazgo: *El líder es confiable.*

De alguna forma, sea como prisionero en Cesarea o en ese viaje de un día, o quizás en ambos, Pablo hizo que el centurión creyera que nunca haría algo que perjudicara al centurión.

Julio estaba convencido de que Pablo no usaría su libertad para tratar de escapar y por eso lo dejó ir con sus amigos.

Pablo tenía amigos y, por supuesto, enemigos por todas partes. Pero tenía algunos amigos en Sidón que sin lugar a dudas serían beneficiados de la influencia del ministerio de Pablo por años. Pablo le debió haber pedido permiso al centurión para visitar a esos amigos. Y el centurión lo dejó visitarlos. Obviamente no tenía temor de permitirle esa libertad a Pablo y dejarlo en manos de un grupo que si hubiera querido le habría ayudado a efectuar su escape.

¿Cómo se ganó Pablo la confianza de Julio tan rápidamente? La Escritura no lo dice. Pablo obviamente era un hombre piadoso y lleno de gracia. Su integridad personal era muy profunda. Es posible que el gobernador Festo, que conocía la inocencia de Pablo, le hubiera asegurado a Julio que este era de confianza y ordenó que lo tratara de manera cortés.

Hechos 24.23 indica que esa confianza había sido desarrollada, por lo cual lo que el centurión hizo es precisamente lo que el gobernador Félix también hizo:

«Y mandó al centurión que custodiase a Pablo, pero que se le concediese alguna libertad, y que no impidiese a ninguno de los suyos servirle o venir a él».

Esto muestra claramente que Pablo se había ganado una reputación de confianza. Hasta los gobernadores que lo tenían como prisionero sabían que era un hombre de integridad. Y de alguna forma esa confianza fue comunicada a Julio. Este también veía con seguridad que los compañeros de Pablo, Lucas y Aristarco, eran personas confiables. Ellos no lo habían abandonado cuando él estaba en prisión. Al contrario, estaban dispuestos a acompañarlo en todo el viaje hasta Roma, arriesgando sus propias vidas. Seamos realistas. Esto no era como ir en crucero a Hawai. Este era un velero romano pequeño e inhóspito. Los cuartos eran incómodos. Es más, algunos historiadores creen que la única forma en que se les permitió a Lucas y a Aristarco acompañar a Pablo en este viaje era haciéndolo como esclavos. Sin importar los términos del viaje, usted puede estar seguro que el gobierno romano no les pagó su pasaje. Sea cual sea la circunstancia que abrió la puerta para que acompañaran a Pablo, con seguridad fue un sacrificio mayúsculo para Lucas y Aristarco. Pero lo hicieron porque amaban al apóstol. Estaban comprometidos claramente con él.

> *Principio de liderazgo # 1:*
> EL LÍDER ES CONFIABLE.

Los amigos de Pablo en Sidón obviamente confiaban en él. Le abrieron sus puertas aunque fuera un prisionero. En lugar de ver su cautividad como algo que pusiera en duda su integridad, le dieron la bienvenida y le dieron alivio. Nadie inspira tal devoción sin que sea confiable.

Pablo ciertamente también debió haber tratado a Julio con el mayor respeto. Es muy probable que debió haber conversado con él, le mostró interés y rápidamente desarrolló un aprecio por Julio, haciendo que este lo respetara también. Por esa razón, cuando ya llevaban un día de viaje, Julio ya confiaba en Pablo lo suficiente como para darle un período de libertad.

¿Cómo desarrolla un líder la confianza? Cuando las personas estén convencidas de que usted va a hacer todo lo posible para darles bienestar y no dañarlos, confiarán en usted. Este centurión obviamente estaba convencido de que Pablo buscaba lo mejor para él con sinceridad y por eso le dio una medida de libertad. Es claro que tenía una gran confianza en que Pablo no intentaría escapar. Si Julio hubiera tenido la más mínima preocupación de que Pablo no volvería al barco de manera voluntaria, lo habría mantenido en el barco. Pero Pablo se había ganado su confianza. Allí comienza todo el liderazgo.

Pablo se preocupaba por ese hombre. Estaba consciente del trabajo de Julio, él era sensible a sus preocupaciones, y no habría hecho nada que lo hubiera desacreditado o deshonrado, ni mucho menos que arriesgara su vida. Por lo tanto, el poder del carácter de Pablo influyó en Julio. Pablo, el prisionero, en efecto estaba dirigiendo a Julio, su captor.

Un líder no es alguien que se consume de su propio éxito y de su propio interés. Un verdadero líder es alguien que les demuestra a los demás que lo que ocupa su corazón es dar lo mejor para ellos. Un verdadero líder se esforzará para hacer que los que están a su alrededor tengan éxito. Su pasión es ayudar a que las personas que están bajo su liderazgo florezcan. Es por esa razón que el verdadero líder debe tener el corazón de un siervo.

Una persona no puede ser un verdadero líder y operar solamente pensando en el desarrollo personal o la ganancia particular. Las personas cuyos motivos son egoístas terminan sin dirigir a nadie ya que todos le abandonan. Nadie puede confiar en ellos. Una persona en una posición de liderazgo tendrá éxito solamente si las personas confían en él su futuro, su dinero y hasta sus vidas. No hay nada que le quite el lugar a la confianza. Nada. Un líder en quien usted no puede confiar no es líder en realidad. Es una persona que tiene poder y que puede obligar a otros a hacer lo que ella quiere, pero eso no es ejemplo de un verdadero liderazgo.

¿Cómo se puede reconocer fácilmente quién es un líder genuino? Un líder genuino es aquel que está rodeado de personas dotadas, capaces, dirigentes y eficaces, y que le siguen. Esa clase de devoción refleja confianza. Y la confianza surge de la manera desinteresada con la que el buen líder utiliza su propia energía y su propia habilidad de una forma sacrificial y sin egoísmos. Si usted puede demostrarle a las personas que verdaderamente piensa en buscar lo mejor para ellos, entonces le seguirán.

Este hombre estaba tan convencido de que Pablo nunca haría nada para dañarlo que lo dejó ir con sus amigos.

Y por supuesto, Pablo regresó. Él demostró que era digno de la confianza de Julio. Por lo tanto, seguía desarrollando más confianza, la que reforzaría su carácter de liderazgo más adelante en la jornada.

Capítulo dos

TOME LA INICIATIVA

Una vez que la larga jornada de Pablo hacia Roma volvió a iniciarse después de esa breve escala en Sidón, el barco encontraría lo que sería su pesadilla de toda la travesía: vientos contrarios. Lucas escribió:

«Y haciéndonos a la vela desde allí, navegamos a sotavento de Chipre, porque los vientos eran contrarios. Habiendo atravesado el mar frente a Cilicia y Panfilia, arribamos a Mira, ciudad de Licia».

LAS COSAS SE PONEN DIFÍCILES

Para que podamos ver cómo el liderazgo de Pablo se eleva más entre los hombres del barco, hasta que llega a estar completamente a cargo y todos dependen de él, necesitamos ver los detalles de esta historia.

Chipre es una isla que está al sur de Asia Menor, al norte y al oeste de la tierra de Israel (ver el mapa). Mira es una bahía un poco más al oeste y en el extremo sur de Asia Menor, en la Turquía actual. Por eso, luego de haber dejado Sidón, en la costa norte de lo que ahora es Líbano, el capitán del barco se dirigió hacia el oeste a Roma y navegó con rumbo noroeste. Chipre era la isla más cercana y la más grande de las que estaban alrededor.

Los vientos venían del oeste, y por eso navegaron hacia el este de Chipre, intentando evitar los fuertes vientos tanto como fuera posible.

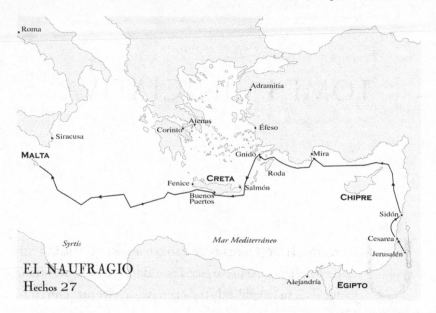

EL NAUFRAGIO
Hechos 27

Obviamente, un velero no puede navegar contra un viento fuerte. La única forma de avanzar en medio de esos vientos es por medio de una maniobra llamada «virada».

La virada significaba maniobrar en forma zigzagueante, primeramente de manera perpendicular al viento, utilizando las velas para aumentar la velocidad, y luego dirigiéndose hacia el viento y cerrando las velas para permitir que el ímpetu del barco lo lleve contra la corriente. Después las velas se abren en el momento oportuno y la nave se dirige en forma perpendicular al viento nuevamente. La maniobra es extremadamente difícil y de mucha labor, pero posibilitará la capacidad de navegar contra una corriente moderada.

En ese tiempo había varias clases de barcos. Algunos eran navíos grandes que se aventuraban al mar abierto para transportar carga por las líneas mercantiles. Otros eran más pequeños y navegaban entre las costas de puerto en puerto. Aparentemente este era de esa clase, porque Lucas lo describe yendo de puerto en puerto.

Su ruta fue de Cesarea a Sidón, luego de Sidón a Mira, en el extremo sur de Asia Menor.

La ruta quedaba un poco lejos con lo que respecta a una jornada hacia Roma. Si hubieran ido de Sidón a Roda (que estaba más o menos a la mitad del camino hacia Roma) el viaje hubiera sido hacia el oeste de manera directa. Pero debido a los vientos, en lugar de navegar hacia Roda, se desviaron hacia Chipre, una ruta más segura pero menos directa.

Las pistas cronológicas en el libro de los Hechos sugieren que se encontraban a mitad de agosto, lo cual es congruente con lo que conocemos acerca de los patrones de los vientos de esa región. En agosto, estos proceden generalmente del oeste.

La temporada de navegación estaba por terminar. Los vientos de invierno en el Mediterráneo pueden ser traicioneros desde mediados de noviembre hasta fines de marzo y por eso los barcos no navegan normalmente durante esos meses. Y los viajes en la temporada de otoño, desde mediados de septiembre hasta mediados de noviembre, pueden ser arriesgados. Por lo tanto, no quedaba mucho tiempo para ese viaje y la velocidad era muy importante. Según los historiadores marítimos, una jornada desde Sidón hasta Mira en contra del viento podría haberles llevado aproximadamente nueve días. Al momento en que Pablo y su séquito llegaron a Mira, la temporada peligrosa estaba acercándose.

Mira tenía una bahía. La ciudad en sí era sólo de tres kilómetros de ancho, aun así esa bahía era un puerto activo y muy ocupado principalmente por los navíos de Egipto.

Egipto era una mayor fuente de granos para el Imperio Romano. Los barcos traían cereal de Egipto hacia los graneros de Mira, descargaban y regresaban. Otras embarcaciones con rumbo a Roma recolectaban el grano y lo llevaban a la capital imperial. Allí se encontraba uno de esos barcos que estaba con rumbo a Italia. Lucas dijo: «Y hallando allí el centurión una nave alejandrina que zarpaba para Italia, nos embarcó en ella» (Hechos 27.6).

Este segundo barco, nos damos cuenta, era grande y de mayor capacidad que el primero, pudiendo llevar 276 pasajeros además de su carga.

Este era alejandrino, o sea de Egipto. Indudablemente uno de esos navíos para transportar grano. Ya que era un poco tarde en el año para cruzar el Mediterráneo, aparentemente no se quedaron en Mira. Comenzaron la jornada hacia Roma de manera inmediata. El versículo 7 dice: «Navegando muchos días despacio, y llegando a duras penas frente a Gnido, porque nos impedía el viento, navegamos a sotavento de Creta, frente a Salmón».

Los vientos occidentales aparentemente estaban aumentando en intensidad. Se estaba haciendo difícil maniobrar. Gracias a la descripción de Lucas podemos discernir cuál fue la ruta que tomaron. Siguieron la vía interna entre Roda y la costa de Asia Menor. Eso los llevó más al oeste aun y un poco hacia el norte. Gnido era una ciudad de una isla pequeña en un extremo a lo largo de la península. En el área suroeste de Asia Menor, al norte de Roda. La isla estaba conectada con la península mediante un camino artificial, desarrollando dos ciudades portuarias, una hacia el norte y la otra hacia el sur.

Por lo general, el barco donde iba Pablo hubiera anclado en una de esas bahías. Pero al acercarse a Gnido, la ruta los llevó a mar abierto. Allí perdieron la ventaja de los vientos suaves de la costa. Entraron directamente contra fuertes vientos y mareas destructoras.

El viento de mar abierto era tan poderoso que no les permitió dirigir el barco hacia la bahía de Gnido.

En ese momento, no tuvieron otra opción que navegar hacia el sur, a la isla de Creta. El plan era navegar por la costa sureste de Creta, lo que los protegería de alguna forma de esos vientos poderosos y podrían llegar a la bahía a salvo.

Pasaron cerca de Salmón, un cabo en la esquina noreste de Creta. Lucas dio la implicación de que el clima ya estaba empeorando: «Y costeándola con dificultad, llegamos a un lugar que llaman Buenos Puertos, cerca del cual estaba la ciudad de Lasea» (v. 8). La brevedad de las palabras de Lucas disfraza el grado de dificultad que experimentaron. Creta mide aproximadamente doscientos cincuenta kilómetros de largo y unos cincuenta kilómetros de ancho en su punto más amplio. De Salmón a

Buenos Puertos había una distancia de al menos doscientos kilómetros. Por tanto, la expresión «con dificultad» se queda corta.

El nombre Buenos Puertos, no obstante, era una exageración. Era un pequeño puerto, que consistía de una bahía abierta protegida por sólo dos islas no muy grandes.

Lucas dijo: «Y siendo incómodo el puerto para invernar» (v. 12). El pueblo cercano a Lasea era pequeño, y era probable que los suministros y el alojamiento fueran escasos. Pero quizás más importante aun, el capitán del barco estaba ansioso por llegar a Roma para vender su carga. Invernar en Buenos Puertos significaría un retraso de cuatro meses, y el dueño del barco tendría que pagar los salarios de la tripulación y comprarles suministros durante ese tiempo. Desde el punto de vista económico, un invierno en Buenos Puertos hubiera sido desastroso.

Aparentemente, sin embargo, el barco tuvo que retrasarse en este puerto, quizás debido al clima o a la dificultad de obtener suministros.

Lucas dijo: «Y habiendo pasado mucho tiempo, y siendo ya peligrosa la navegación, por haber pasado ya el ayuno» (v. 9). «El ayuno» era una referencia al día de la expiación, Yom Kippur. El décimo día del séptimo mes en el calendario judío, lo que implicaba que estaban a principios de octubre. Cruzar el mar abierto en ese momento del año era una proposición muy peligrosa. Era como apostar con la vida misma.

Pero era una apuesta que los marineros estaban preparados para aceptar. Ellos pensaron que podían salir de Buenos Puertos y que podían pasar el invierno en un puerto llamado Fenice. Este se encontraba en la costa oeste de Creta. Tenía una bahía semicircular con salidas al suroeste y al noroeste y también era más protegida contra los fuertes vientos invernales. Por eso, su plan era navegar contra la costa de Creta hasta que llegaran a ese puerto.

Pablo podría ver lo que se avecinaba. Sabía que era un plan alocado y arriesgado. Él ya había estado en tres naufragios (2 Corintios 11.25) y obviamente no deseaba pasar por uno más. Lucas dijo: «Pablo les amonestaba, diciéndoles: Varones, veo que la navegación va a ser con perjuicio y mucha pérdida, no sólo del cargamento y de la nave, sino también de nuestras personas» (vv. 9-10).

«¿Los amonestó Pablo?» No pase por alto esta frase. ¿Quién era Pablo para amonestar a esos marineros? Él era un prisionero.

¿Qué está sucediendo?

Este es el segundo principio fundamental del verdadero liderazgo: *El líder toma la iniciativa.*

Ese navío estaba lleno de hombres de autoridad. Había un capitán, un contramaestre y otros marineros de rango. Había un centurión y otros soldados romanos del régimen imperial. Sin lugar a dudas, todos ellos tenían sus opiniones acerca de si era bueno o no salir de Buenos Puertos. Ni estaban satisfechos con el retraso y deseaban llegar a su destino. Seguramente habían analizado todas las posibilidades. Estaban conscientes de que el viaje sería peligroso y que el riesgo aumentaría entre más esperaran.

Todos ellos tenían el derecho de hablar y de dar su opinión acerca de esa jornada. Había mucho en juego para ellos. Los soldados que tenían a Pablo bajo custodia obviamente querían llegar a Roma tan pronto como fuera posible. Los dueños y la tripulación del barco deseaban que la carga llegara a Italia tan rápido como fuera posible, ya que eso significaría dinero para ellos. Casi todos tenían una buena razón para seguir adelante.

Pero Pablo fue el que tomó la iniciativa y habló. Reconoció cuál era el peligro y lo señaló de manera clara. Él no tenía ningún rango. Ningún derecho particular. Ningún título. No tenía ninguna autoridad. Pero se dio cuenta de que había un problema y por eso tomó la iniciativa y trató de traer claridad a la situación. Eso es liderazgo. Los líderes se levantan en tiempos de crisis y toman la iniciativa.

Los instintos de Pablo eran correctos, tal como los eventos subsiguientes nos mostrarán. Así como Lucas recuenta la historia, parece que mientras todos estaban todavía analizando la situación, Pablo ya lo había hecho y por eso habló.

Esa es una marca vital del verdadero liderazgo. El líder nunca dice: «Puede que haya un problema aquí. Alguien debiera hacer algo al respecto». El líder afirma: «Este es el problema y esta la solución».

Otro ejemplo clásico de un líder que tomó la iniciativa es Nehemías. Aproximadamente quinientos años antes de Pablo, mientras la nación de Israel estaba emergiendo después de un largo periodo de cautividad en una tierra extranjera, Nehemías por sí mismo unió al pueblo de Jerusalén y reconstruyeron los muros de esa ciudad en cincuenta y dos días. Esa fue una de las muestras más impresionantes de iniciativa estratégica y de liderazgo valeroso que la historia haya registrado. Aunque nos lleva del Nuevo al Antiguo Testamento, el ejemplo de Nehemías merece nuestra atención, porque nos da un ejemplo vívido que resalta esta característica especial del liderazgo.

Nehemías no era nadie especial en lo que concernía al pueblo de Jerusalén. Era un siervo del palacio

> *Principio de liderazgo # 2:*
> **EL LÍDER TOMA LA INICIATIVA.**

del rey de Persia. El periodo de cautividad había acabado desde hacía aproximadamente ochenta años, pero Nehemías se había quedado en Persia trabajando como siervo. Él nunca había visitado su madre patria. Fue su hermano quien le dijo acerca de la condición arruinada de Jerusalén luego de regresar de una visita a Jerusalén:

«El remanente, los que quedaron de la cautividad, allí en la provincia, están en gran mal y afrenta, y el muro de Jerusalén derribado, y sus puertas quemadas a fuego» (Nehemías 1.3).

Eso inició algo en Nehemías que desató su capacidad de liderazgo. Él decidió allí mismo que iba a tomar la iniciativa y a reconstruir esos muros.

Hubiera sido fácil para Nehemías ignorar el problema. Después de todo, vivía a más de mil kilómetros de Jerusalén. Se pudo haber mantenido simplemente en las comodidades del palacio del rey, sintiendo tristeza por el estado de su madre patria y esperando que alguien organizara un plan para remediar esa situación.

Pero eso no es lo que los líderes hacen. Ellos toman la iniciativa. Se levantan y construyen.

La forma en que Nehemías asumió su llamado nos presenta un estudio increíble de cómo los verdaderos líderes toman la iniciativa. Esta va a ser una desviación tan grande como la ruta que el barco del apóstol Pablo tomó durante la jornada hacia Roma, pero hay tanto que aprender de esa desviación. Así que dejemos a Pablo y a sus acompañantes en

Buenos Puertos por un momento y recordemos cómo Nehemías dirigió los esfuerzos para reconstruir los muros de Jerusalén.

Primero, identificó el problema

Desde el momento en que Nehemías supo que Jerusalén se mantenía en ruinas, estuvo consciente de lo que eso significaba y luego, en oración, se presentaba ante el trono de Dios. Él escribió: «Cuando oí estas palabras me senté y lloré, e hice duelo por algunos días, y ayuné y oré delante del Dios de los cielos» (Nehemías 1.4).

El problema no era que Dios no fuera fiel; sino que su pueblo era infiel. Ellos habían roto el pacto. Nehemías comenzó su oración reconociendo la fidelidad de Dios: «Y dije: Te ruego, oh Jehová, Dios de los cielos, fuerte, grande y temible, que guarda el pacto y la misericordia a los que le aman y guardan sus mandamientos» (v. 5), y luego identificó el problema: «Esté ahora atento tu oído y abiertos tus ojos para oír la oración de tu siervo, que hago ahora delante de ti día y noche, por los hijos de Israel tus siervos; y confieso los pecados de los hijos de Israel *que hemos cometido contra ti; sí, yo y la casa de mi padre hemos pecado. En extremo nos hemos corrompido contra ti, y no hemos guardado los mandamientos, estatutos y preceptos que diste a Moisés tu siervo*» (vv. 6-7). Luego recordó la promesa divina del perdón y de la restauración y le rogó a Dios que lo usara para restaurar a Jerusalén.

Luego dio una solución

Es obvio, basado en la oración de Nehemías y en sus acciones subsiguientes que ya estaba formulando un plan. Al final de su oración, en Nehemías 1.11, dijo: «Concede ahora buen éxito a tu siervo, y dale gracia delante de aquel varón».

«Aquel varón» es una referencia al rey de Persia, Artajerjes. Nehemías decidió pedirle al rey, a riesgo de su propia vida, permiso para volver a Jerusalén y organizar la reconstrucción de los muros.

La amplitud del plan de Nehemías se hace obvia cuando busca la ayuda del rey. Las únicas preguntas del monarca para Nehemías fueron: «¿Cuánto durará tu viaje, y cuándo volverás?» Nehemías obviamente sabía cuánto le tomaría realizar ese trabajo porque le dijo: «Yo le señalé tiempo» (2.6).

Es más, Nehemías tenía otras peticiones específicas: «Si le place al rey, que se me den cartas para los gobernadores al otro lado del río, para que me franqueen el paso hasta que llegue a Judá; y carta para Asaf guarda del bosque del rey, para que me dé madera para enmaderar las puertas del palacio de la casa, y para el muro de la ciudad, y la casa en que yo estaré. Y me lo concedió el rey, según la benéfica mano de mi Dios sobre mí» (vv. 7-8). Él hizo cálculos cuidadosos. Sabía cuánta madera iba a necesitar. Anticipó los problemas que podía enfrentar y por eso pidió cartas de protección. Tenía una estrategia en funcionamiento.

Esto es asombroso cuando recordamos que Nehemías no era constructor. No era contratista. Era un siervo, un mayordomo del rey. Él no tenía aptitudes particulares que lo calificaran para supervisar un proyecto de tal magnitud como lo era reconstruir los muros de la ciudad.

Pero sabía cómo identificar y resolver problemas. Él planeaba cuidadosamente. Analizó la operación, previó las dificultades y decidió las soluciones con anticipación. Él no pensaba en arreglar los problemas hasta que tuviera que enfrentarlos. No estaba inventando números. Él midió el costo cuidadosamente. Tenía un plan bien formulado y lo siguió al pie de la letra. Todo eso surgió de su disposición a tomar la iniciativa.

La genialidad del plan de Nehemías se hizo evidente tan pronto empezaron los trabajos en los muros. Nehemías 3 es una crónica de los nombres de todas las personas que trabajaron en los muros. Y su capacidad como organizador se refleja en todo ese capítulo. Él dividió los muros de la ciudad completa en porciones pequeñas y fáciles de administrar y puso personas clave a cargo de cada sección. Todos trabajaban y tenían una tarea bien definida y realizable. Así fue como Nehemías logró terminar la obra en un tiempo tan notablemente corto.

Nehemías ilustra que la iniciativa efectiva no es de corto plazo. Se mantiene hasta que el objetivo se logre. Esto es muy distinto a la idea común de las personas que piensan que tienen la respuesta al dilema pero que no pueden llevar la iniciativa desde la idea inicial hasta su meta final.

La única clase de dinamismo que hace a los verdaderos líderes no es la que inicia en la ignición sino que también llega hasta el final de la jornada, organizando y movilizando a las personas en el camino.

Lo vemos también en Nehemías. Note usted que él conocía a sus trabajadores. Él escribió la lista con los nombres de ellos y los registró precisamente en la sección que les tocaba construir (Nehemías 3). Se mantuvo comprometido con el proyecto e involucrado íntimamente en cada fase de él hasta terminarlo.

Delegó responsabilidad

Sin embargo, Nehemías no se encargó de supervisar y de trabajar en el muro por sí solo. Asignó a personas confiables para que supervisaran secciones del trabajo, dividiendo sus responsabilidades de acuerdo con sus habilidades.

Esa era la única forma de lograr que se reconstruyeran los muros de Jerusalén en tan poco tiempo. Era un trabajo de equipo o, mas bien, el esfuerzo combinado de muchos equipos. De esa forma, Nehemías pudo emplear el máximo número de trabajadores y aprovechar lo mejor de ellos.

Mejor aun, hábilmente asignó a las personas para que trabajaran en lugares que quedaran cerca de sus casas. Los sacerdotes construyeron la sección más cercana al templo (3.1). «Asimismo restauró junto a ellos, y frente a su casa, Jedaías hijo de Harumaf» (v. 10); «Hasabías, gobernador de la mitad de la región de Keila, por su región» (v. 17); «Después de ellos restauraron Benjamín y Hasub, frente a su casa; y después de estos restauró Azarías hijo de Maasías, hijo de Ananías, cerca de su casa» (v. 23); «Mesulam hijo de Berequías, enfrente de su cámara» (v. 30). Y así sucesivamente. Esto hizo que el equipo tuviera un incentivo extra para hacer un mejor trabajo. Nadie quería que la parte del muro que estuviera frente a su casa se viera mal o fuera débil. Fue un plan sabio que utilizó lo mejor de cada hombre. Garantizaba que se sentirían orgullosos de su trabajo y aseguraba también que terminarían sus tareas asignadas.

Supo cómo motivar a las personas

Cuando Nehemías llegó por primera vez a Jerusalén, no había existido cautividad por más de cien años. Los judíos habían regresado a esa región en grupos, comenzando con Zorobabel en 538 A.C. La primera labor que realizaron los que llegaron primero a la región fue reconstruir el templo. El libro de Esdras en el Antiguo Testamento registra el suplicio que eso fue. Una vez que la fundación fue colocada en el año 536, el templo se mantuvo sin acabar por alrededor de veintiún años. Logró acabarse gracias a la intervención de Hagar y Zacarías en el año 515 A.C. Nehemías llegó a Jerusalén setenta y un años después, en el 414 A.C. Durante todos esos años nadie tomó la iniciativa de completar la reconstrucción de la ciudad. Lo primero que la gente veía cuando llegaban a ese lugar era el muro en ruinas. Grandes cantidades de escombros rodeaban la ciudad, un testimonio mudo del juicio divino que había caído sobre Judea y que llevó a su pueblo a la cautividad. Era algo vergonzoso y también peligroso. Pero cien años habían pasado y nadie había sugerido siquiera un proyecto de reconstrucción.

¿No le parece notable que Nehemías, un recién llegado a la ciudad, reuniera a las personas, las desafiara para reconstruir los muros y obtuviera respuesta positiva inmediata de ellos: «Levantémonos y edifiquemos» (Nehemías 2.18)?

Nehemías obviamente sabía lo que se necesitaba para motivar a las personas. Él no lo hizo utilizando manipulación, espectáculos o emoción. Lo que hizo fue compartir su visión de una forma en que las personas lo pudieran entender. Les explicó cómo podían lograr esa meta. Y con sus propias palabras les dijo: «Entonces les declaré cómo la mano de mi Dios había sido buena sobre mí, y asimismo las palabras que el rey me había dicho» (Nehemías 2.18). Les ayudó a ver que eso era una obra de Dios. Les mostró la importancia espiritual de ello. Era sincero y creíble. Su entusiasmo era infeccioso. Su optimismo contagioso. Ellos se apropiaron de la visión.

Trabajó junto con las personas

Nehemías no era un líder *pasivo*. Los buenos líderes nunca lo son. No les piden a otros que hagan lo que ellos no están dispuestos a hacer por sí mismos. Nehemías se enrolló sus mangas y trabajó tan diligentemente como los demás. «Nosotros, pues, trabajábamos en la obra» (4.21). A él no le preocupaba ensuciarse las manos. De hecho, tal como Nehemías describió el trabajo, laboró muchas horas hasta que la tarea estaba completa: «Y ni yo ni mis hermanos, ni mis jóvenes, ni la gente de guardia que me seguía, nos quitamos nuestro vestido; cada uno se desnudaba solamente para bañarse» (4.23). Él dijo, en Nehemías 5.16: «También en la obra de este muro restauré mi parte, y no compramos heredad». Todos sus otros negocios quedaron en espera mientras él trabajaba. Nehemías no se cansaba. Era devoto a su trabajo. Y las personas de Jerusalén lo siguieron aun en contra del ridículo, la conspiración, el desánimo, el engaño y cualquiera otra forma de oposición viciosa. Los capítulos 4 al 6 registran en detalle cómo los enemigos de Nehemías desesperadamente trataron de detener su trabajo.

Y a pesar de todo eso, debido a la iniciativa de ese hombre, el muro fue acabado en cincuenta y dos días (6.15).

Nehemías era el epítome de un líder efectivo. Era un pionero. Estaba fuertemente motivado. Sabía cómo organizar y motivar a sus seguidores. Venció obstáculos. Era práctico, sabio y determinado. Era un hombre de acción, pero también muy analista. Todas esas cualidades eran esenciales para un liderazgo efectivo. Combinadas, hicieron que Nehemías fuera la clase de hombre, al igual que Pablo, que no temía tomar la iniciativa. Y es allí donde el secreto de su éxito radica.

EN MEDIO DE LA TEMPESTAD

Mientras tanto, en Buenos Puertos, los soldados y los marineros analizaban el consejo de Pablo y decidieron rechazarlo. Lucas escribió: «Pero el centurión daba más crédito al piloto y al patrón de la nave, que a lo que Pablo decía. Y siendo incómodo el puerto para invernar, la mayoría acordó zarpar también de allí, por si pudiesen arribar a Fenice, puerto de Creta que mira al noreste y sureste, e invernar allí» (Hechos 27.11-12).

El capitán del barco parece haber aceptado la voluntad de «la mayoría» en lo que parece una desviación poco común y más desesperada de lo normal. La mayoría estaba a favor de tratar de llegar a una bahía un poco más ventajosa. Prefiero a un gran líder sabio, analítico y cuidadoso que *seguir* a la mayoría. Pero en este caso, votaron. El capitán del barco permitió que la opinión de los demás tomara la decisión por él.

Note que esa decisión fue hecha por razones puramente pragmáticas. Nadie quería quedarse en Buenos Puertos. Su motivación era un deseo egoísta y nada sabio.

He aquí el tercer principio vital del liderazgo: *El líder utiliza el buen juicio.*

Según la cosmología global, el líder es una persona que se arriesga. Los líderes con frecuencia deben asumir cierta cantidad de riesgos calculados y legítimos. Ellos no arriesgan a su gente ante peligros innecesarios. El consejo de Pablo era de buen juicio. La tripulación y los soldados, al no haberle puesto atención, apostaron con sus propias vidas.

Literalmente estaban tirando su destino al viento, confiando en la suerte y pensando en que todo iba a estar bien. Eso no es un liderazgo sabio.

Con frecuencia les digo a los pastores jóvenes que la forma más rápida de perder la confianza de la gente no es predicando un mal sermón. Las personas pueden disculpar eso. La forma más rápida de perder la credibilidad como líder es tomar una decisión tonta que perjudique a las

> *Principio de liderazgo # 3:*
> **EL LÍDER UTILIZA EL BUEN JUICIO.**

personas. Muchos hombres jóvenes en el ministerio toman decisiones muy impetuosas y mal consideradas. Dirigen sin mirar hacia dónde van. No piensan en las consecuencias. No son lo suficientemente cautelosos. Uno pensaría que cometen el error de ser demasiado tímidos, pero mi experiencia me dice que es más común que los jóvenes fracasen porque son demasiado impetuosos. No son sensibles. No buscan el sabio consejo.

Los buenos líderes son analíticos. Comprenden cuándo existe un riesgo calculado, pero cuidadosamente evalúan el riesgo y los planes en caso de contingencias. Si el desastre se aproxima y no hay manera de salir, los buenos líderes no presionan.

Había demasiado en juego con esa decisión de navegar. La carga, el barco y las vidas de todos los que estaban a bordo podrían perderse. Eso era precisamente lo que Pablo les había dicho en el versículo 10. Recuerde. «Pero el centurión daba más crédito al piloto y al patrón de la nave, que a lo que Pablo decía» (v. 11).

Todos deseaban salir de ese puerto. Y después de todo, ¿por qué escuchar a Pablo? ¿Qué sabía él acerca de navegar en el Mediterráneo con un bote como ese? De esa manera la única voz de la sabiduría fue silenciada.

Se les ocurrió una solución. Había una distancia corta, alrededor de sesenta kilómetros, en el extremo oeste de Creta hasta Fenice.

Fenice era un puerto mejor que Buenos Puertos. Tenía una bahía semicircular con salidas al suroeste y al noroeste, y estaba más protegida contra los fuertes vientos de invierno. Tal vez pudieran llegar hasta ahí y luego decidir si deseaban quedarse en el invierno o proseguir.

Al principio los vientos parecían favorables: «Y soplando una brisa del sur, pareciéndoles que ya tenían lo que deseaban, levaron anclas e iban costeando Creta» (v. 13). Un viento suave del sur hubiera sido algo cálido porque venía de África del norte. El día se veía lo suficientemente placentero mientras zarpaban al mar, navegando cerca de la costa sur de Creta.

Pero no duró mucho tiempo. Lucas dijo: «Pero no mucho después dio contra la nave un viento huracanado llamado Euroclidón» (v. 14). Este era un viento feroz que venía del noreste. Surge de las montañas por encima del Líbano y sopla el viento frío invernal por todo el Mar Mediterráneo. Exactamente lo que Pablo les había dicho que iba a suceder. La sabiduría del consejo era obvia para todos los demás.

Era imposible virar el barco hacia Fenice y la tempestad era tan poderosa que abandonaron esa opción. Lucas escribió: «Y siendo arrebatada la nave, y no pudiendo poner proa al viento, nos abandonamos a él y nos dejamos llevar. Y habiendo corrido a sotavento de una pequeña isla llamada Clauda, con dificultad pudimos recoger el esquife» (vv. 15-16).

Se encontraban alrededor de cuarenta kilómetros mar adentro de Creta, a merced del viento. Clauda era una islita en el extremo suroeste de Creta. El «esquife» era una pequeña barca remolcada por el barco. Se usaba para dar mantenimiento a las anclas y el casco y cuando estaban en puerto servía como transporte desde y hacia el muelle. (Era el único medio de transporte que utilizaban para llegar con seguridad al muelle una vez que estaban anclados en una bahía.) También funcionaba como un bote salvavidas, aunque no sería tan grande para llevar a muchos pasajeros. Aparentemente debido a los vientos fuertes, el esquife estaba siendo golpeado y en peligro de perderse.

Así que lo aseguraron a bordo. Lucas mismo ayudó, tal como se indica por el uso del pronombre nosotros.

El esquife con seguridad era muy pesado y los vientos hicieron esa tarea aun más difícil. Se necesitaban todas las manos en una emergencia como esa. El barco mismo estaba en peligro de romperse. Lucas escribió: «Y una vez subido a bordo, usaron de refuerzos para ceñir la nave; y teniendo temor de dar en la Sirte, arriaron las velas y quedaron a la deriva» (v. 17). A este procedimiento se le conoce comúnmente como «ceñirse». Los cascos de los barcos en esos días se ensamblaban por medio de machihembrado y luego se sellaba con brea. Cuando las olas golpeaban con mucha fuerza, las tablillas de unión sufrían mucha presión y había peligro de que se separaran en puntos cruciales. Así que los cables en realidad eran grandes cuerdas que se pasaban por debajo del barco y se amarraban en la cubierta para unir el casco.

Otro peligro igualmente grave era la posibilidad de que fueran desviados del curso y chocaran con un arrecife, «Teniendo temor de dar en la Sirte, arriaron las velas y quedaron a la deriva» (v. 17). Sirte era un cementerio de barcos en el golfo de Sidra, en la costa oeste africana de Cirene. El agua allí era poco profunda, con arrecifes y bancos de arena escondidos. Por eso «arriaron las velas», lo que significa que bajaron sus velas.

Lucas escribió: «Pero siendo combatidos por una furiosa tempestad, al siguiente día empezaron a alijar, al tercer día con nuestras propias manos arrojamos los aparejos de la nave» (vv. 18-19). Todo lo que Pablo había predicho estaba sucediendo. Aligerar el barco involucraba deshacerse de la carga. El aparejo era su equipo y sus herramientas. No era algo trivial, y la decisión de hacerlo no se habría tomado si no hubiera sido porque sus vidas estaban en riesgo. La carga y el aparejo eran su vida. Pero tiraron por la borda todo lo que podían para hacer que el barco no fuera tragado por las olas.

No tenían medios de navegación ni tampoco sabían dónde estaban: «Y no apareciendo ni sol ni estrellas por muchos días, y acosados por una tempestad no pequeña, ya habíamos perdido toda esperanza de salvarnos» (v. 20). Se resignaron a morir.

Desde el punto de vista humano, parecía que todo iba muy mal. Toda la jornada se estaba convirtiendo en un gran desastre. Pero detrás de la escena, Dios claramente estaba al control. Él tenía a su líder escogido donde quería, listo para tomar el mando y a pesar del caos de la situación Dios había planeado que saliera bien.

Capítulo tres

—

RECIBA ÁNIMO

Cuando Lucas describió la tormenta como «una tempestad no pequeña» en Hechos 27.20, no estaba bromeando. Los vientos del noreste en el Mediterráneo durante esa época del año son impredecibles, terribles y mortales. Eran vientos huracanados y traicioneros. Hicieron que fuera imposible volver a Buenos Puertos o virar al norte hacia Fenice. Pablo y sus compañeros estaban a la merced del viento.

Sin embargo, tal como Pablo sabía, «Jehová en las alturas es más poderoso que el estruendo de las muchas aguas, más que las recias ondas del mar» (Salmo 93.4). «Tú tienes dominio sobre la braveza del mar; cuando se levantan sus ondas, tú las sosiegas» (Salmo 89.9). «Porque habló, e hizo levantar un viento tempestuoso, que encrespa sus ondas» (Salmo 107.25). Dios seguía al control soberano, aun cuando desde el punto de vista de los marineros, todo parecía sin esperanza.

Lo que había comenzado como un viaje de sesenta kilómetros contra la costa se convirtió en varios días de gran error. Lucas dijo que el sol y las estrellas no aparecieron «por muchos días» (v. 20). No sabía qué tan desviados estaban o dónde se encontraban.

El terror de los pasajeros y la tripulación seguía intensificándose. Uno podía notar cómo crecía el pánico. El día después de que la tormenta

31

comenzó «*empezaron* a alijar» (v. 18), lo que significa aparentemente que la tripulación comenzó a tirar la carga por la borda. Algo de la carga fue mantenido como parte de los suministros, pero lo demás fue desechado.

Esto lo sabemos por lo que Lucas dijo: «Al tercer día *con nuestras propias manos arrojamos* los aparejos de la nave» (v. 19, énfasis añadido). Lucas mismo y, muy probablemente, Pablo ayudaron a tirar cosas por la borda. La imagen que Lucas nos representa aquí es que todo lo que no era necesario fue lanzado al mar en un desesperado esfuerzo por aligerar el barco.

El equipaje, los efectos personales, las herramientas y el equipo que utilizaban los marineros, todo lo que pesara, fue lanzado al mar.

Ellos pensaban que era una situación sin esperanza, y sin embargo en su desesperación lucharon por sobrevivir.

En ese momento, el apóstol Pablo habló nuevamente...

«SE LOS DIJE...»

Lucas escribió: «Entonces Pablo, como hacía ya mucho que no comíamos, puesto en pie en medio de ellos, dijo: Habría sido por cierto conveniente, oh varones, haberme oído, y no zarpar de Creta tan sólo para recibir este perjuicio y pérdida» (v. 21). Pablo era humano. Él no resistió decirles «Se los dije». Además necesitaba recordarles en ese momento acerca de sus palabras de precaución previas. El hecho de que tuvo razón reforzó su credibilidad.

Noten que ellos no habían comido por días. Esto puede ser el resultado de varios factores. Primero, cuando el mar arrecia de esa forma, hasta los marineros experimentados se enferman. La mayoría de ellos ni siquiera hubieran *deseado* comer. Segundo, debido a la gran cantidad de agua de mar que caía en el barco, es muy probable que la mayoría de los suministros de alimentos frescos ya se hubieran echado a perder. Tercero, y lo más probable, era que ellos estaban muy ocupados tratando de salvar el barco, amarrando los cables, lanzando carga por la borda, haciendo reparaciones necesarias y todo lo que pudieran para mantenerse a flote. Es posible que no tuvieran tiempo para comer. Para ese momento todos estaban sumamente exhaustos.

Con seguridad no era la audiencia más receptiva para escuchar una conferencia tipo «Se los dije».

Pero las palabras de Pablo eran más que un regaño. Él no los quería reprender sino animar. Pablo aclaró el punto: «Pero ahora os exhorto a tener buen ánimo, pues no habrá ninguna pérdida de vida entre vosotros, sino solamente de la nave» (v. 22). Eso demuestra gran confianza. ¿De dónde obtuvo Pablo esa confianza? Él lo explicó: «Porque esta noche ha estado conmigo el ángel de Dios de quien soy y a quien sirvo, diciendo: Pablo, no temas; es necesario que comparezcas ante César; y he aquí, Dios te ha concedido a todos los que navegan contigo» (vv. 23-24).

Hay ironía en las palabras del ángel para animar a Pablo. Él no tenía que temer, porque el propósito de Dios era llevarlo a la corte de César. El César que estaba a cargo durante ese tiempo era Nerón, un loco cuyo odio apasionado e irracional por los cristianos lo hizo legendario. Spurgeon dijo: «Parecía como si el ángel le hubiera dicho: No vas a ahogarte, porque vas a ser devorado por un león».[1]

Hablando en términos sencillos, se esperaba que Pablo sufriera una muerte cruel a manos del emperador. Y precisamente eso fue lo que sucedió. En comparación, ahogarse en el mar pareció la mejor forma de cielo y de acabar con las pruebas de Pablo.

Pero el apóstol lo vio como una oportunidad de predicar el evangelio en Roma, en la corte del propio Nerón. Esto era lo que él oró y buscó por mucho tiempo y aunque le costara su vida, ese era el precio que Pablo estaba dispuesto a pagar por glorificar a Cristo. Él deseaba «conocerle, y el poder de su resurrección, y la participación de sus padecimientos, llegando a ser semejante a él en su muerte» (Filipenses 3.10). Para él, el vivir era Cristo, y el morir era ganancia (Filipenses 1.21).

Pablo se describía a sí mismo, estando en conflicto, «teniendo deseo de partir y estar con Cristo, lo cual es muchísimo mejor» (v. 23); su único deseo era glorificar a Cristo en su muerte y llevar el evangelio a Roma, al propio centro de la oposición y proclamar la verdad a Nerón. Ahora tenía una promesa autorizada de que tendría esa oportunidad.

He aquí el cuarto principio de todo liderazgo sabio: *El líder habla con autoridad.*

Pablo tenía la promesa de seguridad de Dios mismo. Tenía confianza de que era cierto. Sabía que Dios tenía todo bajo control y que si él quería que Pablo testificara ante César, un naufragio no sería obstáculo. Además, si Dios prometió la seguridad de todos los que estaban en el barco, Pablo podía confiar que Dios mantendría su palabra.

Por lo tanto, Pablo pudo hablar con convicción y sensibilidad. Su notable seguridad no surgió de una *autoconfianza*; sino de la certeza de que Dios haría como le dijo: «Él no puede negarse a sí mismo» (2 Timoteo 2.13).

Tome nota: Cuando expresamos que los buenos líderes hablan con autoridad, no decimos simplemente que hablan con una actitud autoritaria. La pomposidad y la arrogancia no equivalen a autoridad. El asombroso aplomo de Pablo no tenía egoísmo ni insolencia. No reflejaba el sentimiento de superioridad o sentido de autoimportancia o arrogancia. Más bien, la asombrosa autoridad con la que hablaba era una autoridad inamovible derivada de una certeza absoluta de la palabra de Dios, sabiendo que era cierta y que sus promesas son confiables.

Por supuesto, no se puede negar que había un ambiente de mando en la manera en la cual Pablo aprovechó el momento. Él habló definitivamente. Se mostró cierto y firme. Un verdadero líder puede hablar con tal osadía porque sabe de lo que habla. Habla con confianza, con autoridad, porque sabe lo que es cierto. Lo ve claramente. En el caso de Pablo, se encontraba en la propia autoridad de Dios. ¡Había tenido una revelación directa de Dios!

Al igual que a nosotros. Dios nos ha hablado claramente por medio de su Palabra. La Escritura es la voz de Dios, viva y poderosa y para el creyente, iluminada por el Espíritu Santo. Ella, dijo Pablo, es «la mente de Cristo» (1 Corintios 2.16). Revela lo que Jesús piensa que está de acuerdo con la voluntad de Dios al igual que lo hace el Espíritu Santo (Romanos 8.26).

No podemos esperar una revelación angélica, ya que eso fue algo único en la era apostólica. Ellos no tenían el Nuevo Testamento. Nosotros sí, y es allí donde Dios habla. Cada líder que es cristiano tiene mucho más que cualquier dirigente del mundo, porque tenemos la verdad de Dios y su Espíritu es nuestro maestro. Todo esto significa que el líder debe conocer las Escrituras. Él debe creer con una convicción inamovible que la Palabra de Dios es cierta. Y debe comunicar la verdad de la Palabra de Dios con confianza y convicción.

Pablo también entendía que existe un elemento verbal y vocal del liderazgo que no puede pasarse por

> *Principio de liderazgo # 4:*
> **EL LÍDER HABLA CON AUTORIDAD.**

alto. Hace unos años, hablé en una ceremonia de graduación de la academia de policía local. Después, el comandante y yo hablábamos de lo difícil que es graduarse de la academia. Me comentó de un estudiante que reprobó porque su voz era demasiado suave y aguda. Eso me sorprendió, pero él me señaló que uno no puede decirle a un ladrón con la voz del ratón Mickey: «¡Levante las manos, está arrestado!»

La voz con autoridad debe tener fuerza y poder. A menos que sepa de lo que está hablando, usted no puede hablar claramente o con autoridad. Y si no puede proyectar certeza, confianza y un valor basado en la sabiduría verbalmente, le será muy difícil dirigir a las personas.

El líder no dice: «Podemos ir por aquí o por allá. Votemos». En el mundo de los negocios o de los deportes, el verdadero líder es aquel que reúne a los demás y les dice: «Esto es lo que hacemos. Así lo hacemos. Y así ganamos». Luego presenta un plan sensible y claro y dice: «Bien, ahora todos a trabajar». Ese líder sabe de lo que habla. Comprende los problemas. Ve las soluciones. Se comunica claramente de tal forma que todos se sientan motivados para hacer lo que se necesita.

En el caso del apóstol Pablo, él había obtenido una palabra de Dios. Es eso lo que separa al liderazgo espiritual y bíblico de todos los demás. Podemos hablar con absoluta confianza, siempre y cuando nuestra autoridad surja de la verdad de la Palabra de Dios.

A pesar de lo que algunos de los que escucharon mis predicaciones piensen, yo no hablo con autoridad en *todos* los aspectos. He sido invitado muchas veces al programa de *Larry King Live* o a otro similar para dar mi opinión.

Algunas veces declino la oferta. Cuando alguien me pide opinión acerca de las políticas de relaciones exteriores o de la economía de nuestro gobierno, por lo general no opino. No tengo la suficiente información válida sobre esas cosas para dar una opinión con autoridad. Si me preguntan sobre algún aspecto moral o ético, esa es otra cuestión. ¿Por qué? Porque sé lo que la Escritura dice acerca de esas cosas. Tengo autoridad para dar opiniones en tales asuntos. Y cuando se me da la oportunidad, siempre señalo cuál es mi fuente de autoridad. No me gusta dar *simples* opiniones.

Las personas están buscando una autoridad en la que puedan confiar. Y los que aman la verdad de Dios seguirán a quien la comunique con autoridad. No se necesita andar de puntillas cuando se trata de dar los hechos, de evadir asuntos difíciles, o equivocarse en asuntos muy claros. Si se conoce la verdad ¡háblela con autoridad! Eso es lo que el verdadero liderazgo hace. Uno no escucharía a Jesús decir: «Me gustaría compartir algo con usted. Pienso que tal vez sea de su consideración». Él asombraba a la gente por la forma en que hablaba con autoridad. Por supuesto, tenía una autoridad intrínseca, porque era Dios encarnado. Pero su manera de hablar contrastaba mucho con la de los escribas y los fariseos. Mateo dijo: «La gente se admiraba de su doctrina; porque les enseñaba como quien tiene autoridad, y no como los escribas» (7.28-29). Los escribas estaban acostumbrados a citar opiniones rabínicas como su fuente de autoridad.

Veían la verdad como una teoría, citando frecuentemente muchas interpretaciones diferentes de la ley y rara vez hablando de forma definitiva acerca de alguna cosa. Al final, sustituyeron la opinión y la tradición humana en lugar de la verdad autoritaria de la Escritura (Mateo 15.6).

Jesús entró en escena y, en contraste, no citaba la opinión de alguien. Él decía cosas como: «Oísteis que fue dicho ... pero yo os digo...» (Mateo 5.21-22, 27-28, 31-32, 33-34, 43-44). Hablaba con autoridad divina. Tenía la verdad de Dios. Y lo decía claramente: «Muchas cosas tengo que decir y juzgar de vosotros; pero el que me envió es verdadero; y yo, lo que he oído de él, esto hablo al mundo» (Juan 8.26).

Un líder sabio y espiritual se respalda con la misma autoridad. Para nosotros, las palabras no son: «Yo les digo...»; sino mas bien: «Esto dice el *Señor*». Pero es la misma autoridad. Y cuando usted lo hace de manera correcta, puede ayudar e impulsar a los demás.

Eso fue lo que Pablo hizo. Él no era áspero. No era abusivo. Tampoco arrogante ni deseaba engrandecerse. Más bien tenía confianza en la promesa de Dios y sus palabras lo demostraban.

«OS EXHORTO A QUE TENGÁIS ÁNIMO»

En efecto, más que tratar de exaltarse a sí mismo, el deseo de Pablo era exaltar a los demás. Lo que quería con su discurso tipo «Se los dije» era animar a los hombres que estaban apocados y desesperados con sus vidas. Él les aseguró, con la autoridad de Dios, que no se perdería ninguna vida de los que estaban a bordo.

La quinta característica de un verdadero líder es: *El líder refuerza a los demás.*

El deseo de un verdadero líder es que los demás mejoren. Hacerlos más fuertes, más eficaces y más motivados.

Eso fue lo que Pablo hizo aquí. Resumió las palabras de ánimo que aparecen en Hechos 27.25: «Por tanto, oh varones, tened buen ánimo; porque yo confío en Dios que será así como se me ha dicho». Su confianza alimentaba la fuerza de los demás. Los edificó. Les animó a creer que tenían futuro. Les dio una razón y una esperanza cuando ya no la tenían.

> *Principio de liderazgo # 5:*
> **EL LÍDER REFUERZA A LOS DEMÁS.**

Luego les dio otro detalle que a primera vista no parece tan esperanzador: «Con todo, es necesario que nos quedemos en alguna isla» (v. 26). Note usted que Pablo dijo *toda* la verdad. En realidad esas no eran muy buenas noticias, especialmente para el dueño del barco. Sin embargo, era todavía un mejor escenario que lo que los demás esperaban en esas circunstancias.

La completa honestidad de Pablo puso el fundamento para establecer su credibilidad y que esas cosas iban a suceder. Los hombres que lo escucharon sabían que sólo había dos opciones. Si sucedía, sabían que fue Dios el que realizó eso. ¿Cuáles eran las probabilidades de que llegaran a una isla en esas condiciones: perdiendo el barco, perdiendo la carga y sin perder ningún pasajero? Las improbabilidades matemáticas eran abrumadoras. Cuando sucedió, supieron que esa era una muestra poderosa del poder de Dios. Pablo tenía la certeza de que sucedería porque había recibido una palabra clara de parte de Dios. Esa era la base de su autoridad. Y pronto sería la prueba de su credibilidad. A pesar de las apariencias, la mano de Dios estaba en el barco aun en el desastre. Lo mismo que la jornada de Pablo a la corte de Nerón era una bendición disfrazada como juicio ya que toda esa terrible experiencia era una oportunidad tremendamente espiritual para aquellos soldados y marineros paganos. Iban a ver la mano de la divina Providencia y cómo les salvaba de un desastre certero y recibirían la oportunidad y el incentivo de conocer y confiar en el único Salvador y Señor de los cielos y la tierra. Verían su mano de una forma inolvidable, vívida y dramática.

«LE CREO A DIOS»

Pablo sabía con absoluta certeza lo que Dios estaba haciendo y cuál sería el resultado de su jornada. Lo sabía porque la Palabra de Dios es infalible y sus promesas son seguras: «porque todas las promesas de Dios son en él Sí, y en él Amén, por medio de nosotros, para la gloria de Dios» (2 Corintios 1.20). Por lo tanto, Pablo podía decir con sinceridad absoluta, con confianza y con autoridad: «Porque yo confío en Dios que será así como se me ha dicho» (Hechos 27.25).

Aquí vemos el sexto principio del liderazgo: *El líder es optimista y entusiasta.*

El entusiasmo optimista inspira a los seguidores. Las personas naturalmente seguirán al líder que eleve sus esperanzas y se alejarán de aquel que es perpetuamente pesimista.

Cuando jugaba fútbol en la universidad, el entrenador dio un discurso que nunca olvidaré. Estábamos de visita en el estadio de otra escuela y no nos iba muy bien. Cuando llegó el medio tiempo todavía estábamos cero a cero. Fuimos a los bastidores y el entrenador nos dio uno de sus discursos estremecedores. Se entusiasmó tanto que dejó marcado el pizarrón con su puño.

Comenzó recordándonos nuestro potencial, resaltando sus comentarios con golpes a las puertas y pateando cajas. Hizo tanta bulla, que me preguntaba lo que las personas en el estadio pensarían. Su discurso emocional, feroz y elocuente era acerca de la superioridad de nuestras habilidades y la excelencia de nuestro equipo. Él no nos denigró; al contrario. Sus palabras estaban llenas de optimismo y de una gran pasión.

> *Principio de liderazgo # 6:*
> **EL LÍDER ES OPTIMISTA Y ENTUSIASTA.**

Y su celo era contagioso. Cuando la puerta se abrió, salimos llenos de un nuevo entusiasmo. Nunca lo olvidaré. Pienso que anotamos cuarenta y ocho veces en el segundo tiempo. Las personas en el estadio seguramente pensaron que un equipo completamente diferente salió a jugar en el segundo tiempo. Y así fue en cierta manera.

Captamos el entusiasmo de nuestro entrenador, lo cual hizo que tuviéramos un nuevo entusiasmo. Esa fue una gran lección para mí acerca de lo que el optimismo y el entusiasmo pueden hacer en las personas.

Admito que soy muy entusiasta. Durante un concierto de Navidad en nuestra iglesia hace dos años, estaba frente a un caballero cuyo rostro me era familiar pero que no había conocido antes. Después del concierto, lo saludé y le pregunté:

—¿Hace cuánto tiempo asiste a nuestra iglesia?

Él respondió:

—He estado asistiendo aquí por más de un año.

Luego le pregunté:

—¿Desde hace cuánto es cristiano?

Su respuesta me sorprendió:

—No soy cristiano, soy judío.

Le pregunté entonces por qué había seguido viniendo tanto tiempo.

Nuevamente su respuesta me tomó por sorpresa. Me dijo:

—Trabajo en ventas y necesito animarme. Y usted es muy entusiasta.

Obviamente, ese no es mi llamado. No soy porrista. Pero ciertamente tiendo a ser entusiasta. Creo lo que 2 Corintios 2.14 dice:

«Dios ... siempre nos lleva en triunfo en Cristo».

Uno no puede ser un líder eficaz y ser pesimista. Las personas cínicas debilitan a cualquiera con quien hablan. Son como las sanguijuelas. Hacen que las personas se vuelvan pálidas, débiles y pasivas.

De la misma manera, uno no puede ser un buen líder y aburrir a las personas. Me encontraba en una conferencia bíblica una vez junto a un predicador que pensaba que el entusiasmo no era algo espiritual. El problema era, que su mensaje era acerca del gozo. Recuerdo observarlo cuando subía a la plataforma con un grupo de notas que cuidadosamente puso en el púlpito. Hizo una pausa dramática, miró la audiencia por encima de sus lentes, vio su papel y empezó a leerlo de forma monótona, nasal, plana y sin emoción: «Queridos amigos, me gustaría hoy hablarles del gozo de la vida espiritual». Zzzzzzzzzzzzzzz.

No creo que esa haya sido la intención de Pablo cuando dijo: «Regocijaos en el Señor siempre. Otra vez digo: ¡Regocijaos!» (Filipenses 4.4)

Por otro lado, el entusiasmo optimista crea energía, emoción y esperanza. Los que conocemos la verdad de Dios y tenemos sus promesas deberíamos ser personas optimistas y entusiastas.

Mi área de liderazgo, por supuesto, es la iglesia. Recientemente estaba leyendo un libro sobre liderazgo eclesiástico en el que el autor comenzó con un pronunciamiento dramático de que si la iglesia no se reinventaba a sí misma, se adaptaba a la cultura posmoderna, reanalizaba su misión y mejoraba su metodología, dejaría de existir en cincuenta años.

Por supuesto, eso es ridículo, Cristo dijo que iba a edificar su iglesia y las puertas del infierno no prevalecerían contra ella (Mateo 16.18). ¿Cree usted que debemos tomar en serio la prevención de este hombre de que la iglesia va a dejar de existir en cincuenta años si no cambiamos nuestra técnica?

No soy pesimista acerca de la verdadera iglesia. Soy optimista porque conozco que la verdad de Dios va a triunfar. Creo que ella será exactamente lo que Dios intenta que sea, una iglesia gloriosa. Cristo mismo «amó a la

iglesia, y se entregó a sí mismo por ella, para santificarla, habiéndola puri-
ficado en el lavamiento del agua por la palabra, a fin de presentársela a sí
mismo, una iglesia gloriosa, que no tuviese mancha ni arruga ni cosa semejante, sino que fuese santa y sin mancha» (Efesios 5.25-27).

Eso va a suceder. El propósito de Cristo para su iglesia no será frustrado.

Si observa la manifestación visible de la iglesia en el mundo actual, es
probable que haya muchas razones para desanimarse. Pero si uno mira más
allá, comprende el propósito de Dios para ella y se apoya en sus promesas,
podrá decir como Pablo ante aquellos marineros desesperanzados en el
barco: «Tened buen ánimo; porque yo confío en Dios que será así como
se me ha dicho» (Hechos 27.25).

Eso es parte del liderazgo. Recuerde, el apóstol Pablo iba a Roma encadenado. Era el menos indicado en el barco para sentirse optimista. Pero
como verdadero líder, miró más allá de las circunstancias temporales y puso
su esperanza en la promesa del triunfo. De allí sacó el valor y la confianza.
Tal optimismo es contagioso.

DIOS HACE QUE EL SOL SALGA
SOBRE IMPÍOS Y JUSTOS

Hay algo más que le dio a Pablo una gran esperanza y entusiasmo. Vio esas
circunstancias como una oportunidad para presentar a Dios ante los inconversos. Él no tuvo ni un pelo de tímido cuando mencionó: «...del Dios
de quien soy y a quien sirvo» (Hechos 27.23). Dios era la fuente de la
autoridad de Pablo, su sabiduría, su esperanza, su optimismo y su entusiasmo. ¿Por qué temería decirlo?

Pablo estaba ansioso de presentarles a Dios a estas personas. Bajo
esas circunstancias, probablemente pensarían en que debían prepararse
para conocerlo.

Pablo deseaba que le conocieran como Salvador más que como juez.
Y por lo tanto fue muy claro.

Él sabía, por supuesto, que la profecía que le dio el ángel iba a suceder.
Y que cuando pasara, la gloria y el mérito serían de Dios. Tal como lo
mencioné anteriormente, el cumplimiento preciso de las predicciones

de Pablo también establecieron la credibilidad del apóstol. Pero hizo mucho más que eso. Colocó la mirada donde debía: hizo que estos hombres vieran de manera gráfica que Dios estaba en control soberano de sus vidas. Necesitaban glorificarlo como Dios y estar agradecidos.

Todos esos hombres les debían sus vidas a la misericordia y a la gracia de Dios. Tomaron una mala decisión al salir de Buenos Puertos. Pero Dios iba a preservar sus vidas. Y lo estaba haciendo por amor a Pablo. El ángel le dijo a Pablo, en el versículo 24: «Dios te ha concedido todos los que navegan contigo».

Los inconversos de este mundo no saben lo afortunados que son al tener creyentes a su alrededor. Quién sabe cuántas personas han sido salvadas del juicio y del desastre por amor a gente piadosa.

Un amigo que viajaba conmigo en un vuelo me dijo hace unos años que se sentía muy seguro en ese avión junto a mí, porque sabía que el Señor todavía tenía mucho trabajo para mí.

Eso no significa que sea imposible que yo muera en un accidente algún día, pero en cierto sentido ese principio aplica. Hasta los impíos a veces se benefician de la gracia de Dios para su pueblo. Ese precisamente fue el caso con esos hombres en el barco de Pablo. Su seguridad estaba garantizada porque Dios quería que Pablo fuera a Roma. Todos en el barco se beneficiaron de ello.

El mismo principio ocurre continuamente a través de las páginas de la Escritura. El pueblo de Dios en medio de una comunidad impía la protege del desastre. Dios le dijo a Abraham que no le haría daño a la ciudad de Sodoma y Gomorra por amor a diez hombres justos que vivieran allí (Génesis 18.32). Más adelante en el mismo libro, Labán le rogó a Jacob que no volviera a su país: «Halle yo ahora gracia en tus ojos, y quédate; he experimentado que Jehová me ha bendecido por tu causa» (30.27). El mismo principio es evidente en la experiencia de José. Génesis 39.5 afirma de Potifar: «Jehová bendijo la casa del egipcio a causa de José, y la bendición de Jehová estaba sobre todo lo que tenía, así en la casa como en el campo». Y aun cuando José fue llevado preso, el versículo 23 dice: «No necesitaba atender el jefe de la cárcel cosa alguna de

las que estaban al cuidado de José, porque Jehová estaba con José, y lo
que él hacía, Jehová lo prosperaba». Hasta el jefe de la cárcel fue bendecido a causa de José.

Los hombres del barco de Pablo fueron bendecidos a causa de él.
Aunque estaban perdidos en el mar, sin una pista hacia dónde iban,
ahora tenían esperanza. Tenían un líder en quien podían confiar.

Tenían a alguien que no temía dar el paso y tomar la iniciativa. Tenían
a alguien que había demostrado buen juicio, que hablaba con autoridad,
que sabía cómo reforzar a los demás, y que les daba ánimo y entusiasmo.
Todos los cristianos deberían ser líderes así.

Tal como la historia lo dice, notaremos que el centurión, los marineros
y todas las personas en el barco empezaron a aceptar más y más el liderazgo
de Pablo. Era evidente que la mano y la bendición de Dios estaban con él.
Es natural para el pueblo de Dios querer seguir a alguien así. El pesimismo,
la indiferencia, el temor y la confusión se deshacen en la presencia de un
liderazgo así.

Capítulo cuatro

TOME EL CONTROL

Pablo tenía buenas y malas noticias. Las buenas eran que ninguna vida se perdería. Las malas eran que el barco encallaría en una isla. Tal como todos lo sintieron cuando estaban a bordo (Hechos 27.20), iban en dirección a un naufragio seguro.

Se encontraban precisamente en la clase de crisis que requiere de un líder valeroso, fuerte y lúcido. Y la persona que tenía las mejores calificaciones para esa posición y que estaba más preparado para ello era el tipo que ocupaba la cabina de los prisioneros en el fondo del barco. Debió de haber sido irónico para el capitán, para Julio, el centurión romano, y para todos los demás que tenían posiciones de autoridad a bordo.

Pablo no tenía una posición oficial, pero ciertamente tenía una autoridad mayor que los demás. Sus órdenes las recibía de Dios y hablaba por Él. Eso estaba muy claro para todos ahora.

El verdadero liderazgo se prueba en las crisis. Un líder auténtico es aquel que puede manejar la tensión. Que puede resolver los problemas, llevar las cargas, encontrar las soluciones y obtener las victorias cuando todos los demás parezcan estar nerviosos, perplejos o confusos.

Pablo lo logró. Ahora, en efecto, tenía el control. Él no usurpó la autoridad de nadie; todos los demás se le habían subordinado porque era el único que sabía qué hacer. Y es por esa razón que aunque Pablo comenzó su jornada como prisionero (el hombre más bajo en la tabla organizacional del barco), ahora todos aceptaban su liderazgo.

El capitán no estaba dirigiendo la nave. El piloto no se ocupaba del timón. El centurión no se encargó en el momento de caos; evidentemente se sentía tan perplejo y asustado como los demás. La única persona que tenía compostura era Pablo, y era una roca.

Esto subraya el principio de que el liderazgo no es algo que se confiere por medio del título o el rango en forma automática. Nuevamente, el liderazgo es *influencia*. Es una cuestión de habilidad, no de posición. Como leemos en el relato de Lucas acerca de este naufragio, es una imagen asombrosa ver a todos esos hombres poderosos, acostumbrados a dar órdenes y a imponerse a otros, mirando de pronto a Pablo, el prisionero que se ganó el derecho de dirigir.

SE ACERCABAN A MALTA, A MEDIANOCHE

El barco continuó empujado por los vientos huracanados por varios días. El pánico entre la tripulación y los pasajeros aumentó en intensidad. La dificultad para mantenerse a flote era tanta que nadie comió por casi dos semanas.

Estaban petrificados de temor. No tenían la menor idea de dónde estaban. Ni sabían en qué dirección iban. La seguridad que el apóstol Pablo les dio de que todos sobrevivirían era la única esperanza que tenían.

Continuamos el relato de Lucas respecto a su dificultad en Hechos 27.27-29:

> «Venida la decimocuarta noche, y siendo llevados a través del mar Adriático, a la medianoche los marineros sospecharon que estaban cerca de tierra; y echando la sonda, hallaron veinte brazas; y pasando un poco más adelante, volviendo a echar la sonda, hallaron quince brazas. Y temiendo dar en escollos, echaron cuatro anclas por la popa, y ansiaban que se hiciese de día».

El mar Adriático, por supuesto, es la extensión angosta del Mediterráneo que se encuentra entre Italia y la península balcánica. Durante la época de Pablo, sin embargo, el mar Jónico (la expansión amplia y abierta entre la parte inferior de la bota italiana y Sicilia al lado oeste y Grecia al este) también era considerada parte del mar Adriático. El barco de Pablo fue lanzado y empujado en esa vasta región del Mediterráneo por dos semanas completas. Eso es mucho tiempo para estar atrapado en una situación tan desesperada.

Entonces, alrededor de la medianoche en la noche número catorce, sospecharon que estaban cerca de tierra. En una noche oscura y nublada, sería casi imposible ver la silueta de la tierra en el horizonte. Por eso Lucas no dijo que *vieron* tierra; mas bien dijo que sospecharon que había tierra. Es muy probable que eso significara que escucharon el sonido de las olas rompiendo contra una costa cercana.

Así que echaron una sonda. Ese proceso involucra bajar una cuerda con pesas hasta que toque fondo. Luego medían la cuerda y así sabían cuál era la profundidad del océano. La primera sonda midió una profundidad de veinte brazas. Una braza es el largo de dos brazos extendidos (una medida exacta de un metro ochenta centímetros). Veinte brazas eran más o menos cuarenta metros de profundidad. Lo suficiente para tener seguridad, aunque no tan profundo como para indicar que ya no se encontraban en mar abierto.

Esperaron un rato y lanzaron la sonda nuevamente. Esta vez tocaron fondo a quince brazas, treinta metros. Se estaban acercando rápidamente a la costa. Eso causaba pánico en lugar de alegría. Una situación muy peligrosa a medianoche. Literalmente se estaban acercando a la playa y no sabían qué era lo que les esperaba. En aguas tan poco profundas, con frecuencia existían rocas sumergidas, que podían hundir barcos sin ninguna previsión. Era la peor pesadilla de todo marinero. Navegaban ciegamente a medianoche, sabiendo que cada ola los acercaba más al peligro. Decidieron tirar cuatro anclas y esperar que llegara la mañana.

Todavía no lo sabían, por supuesto, pero la isla a la que se estaban acercando era Malta (Hechos 28.1). Esta era una pequeña isla directamente al sur de Sicilia. Las características geográficas de la región son exactas a la profundidad del océano que Lucas registró. Expertos que han estudiado la zona marítima de Roma también corroboran otros detalles del registro de Lucas. Por ejemplo, la distancia de Clauda a Malta es de 476.6 millas náuticas. Supongamos que este barco estaba a la deriva un promedio de treinta y seis millas cada veinticuatro horas. (Los expertos náuticos afirman que ese sería el promedio de un barco de carga estilo romano en esas corrientes en esa época del año persistiendo la fuerza del viento.) Estar a la deriva a ese promedio, haría que exactamente en trece días, una hora y veintiún minutos fueran llevados de Clauda a Malta. Añádale un día de Buenos Puertos a Clauda y serían precisamente dos semanas. Por tanto, eso sería una jornada de catorce días desde Buenos Puertos hasta Malta, si sobreviviera y estuviera a la deriva un barco que fuera empujado por un huracán.

Juzgando por la información que Lucas nos da acerca de la profundidad del agua, se encontraban a menos de tres millas de la isla. Quizás se encontraban cerca de la gran bahía al lado noroeste. En la actualidad se llama la Bahía de San Pablo, aunque tal vez no fue el lugar donde el apóstol tocó tierra. Existe otra en el extremo oriental de Malta, conocida como la Bahía de Santo Tomás, la cual para algunos encaja con la descripción.[1]

Para el momento en que lanzaron la sonda en la profundidad, probablemente se encontraban a la deriva a media milla de la costa oriental de la isla, por lo que pudieron escuchar el oleaje.

Note que Lucas dice que dejaron caer las cuatro anclas en la *popa*, lo que significa, la parte de atrás del barco, haciendo que la proa viera en dirección a la playa. El plan, evidentemente, era que cuando la luz del día saliera y pudieran ver la costa, si parecía seguro, levarían anclas y tratarían de ser llevados hasta la orilla. Los vientos aparentemente eran demasiado poderosos para arriesgarse a navegar hasta encontrar una bahía segura.

UN FRUSTRADO INTENTO DE ESCAPE EN LA OSCURIDAD

En efecto, las condiciones del tiempo seguían tan malas que algunos marineros intentaron secretamente abandonar el barco. Fingiendo que trabajaban con otras anclas al extremo de la proa, algunos de ellos bajaron el bote pequeño planeando irse.

Es común que los *pasajeros* de un barco se pongan nerviosos cuando hay mal tiempo, pero si uno se encuentra en uno donde la tripulación está llena de pánico, entonces sí hay problemas serios. Y eso fue exactamente lo que ocurrió.

Lea la descripción de Lucas: «Entonces los marineros procuraron huir de la nave, y echando el esquife al mar, aparentaban como que querían largar las anclas de proa. Pero Pablo dijo al centurión y a los soldados: «Si éstos no permanecen en la nave, vosotros no podéis salvaros» (Hechos 27.30-31).

A ese punto, el registro de Lucas se llena con ironías sutiles. Primero, note que las personas que uno supone que se deben quedar en el barco están tratando de huir. Obviamente, esos hombres no eran la clase de marineros que se mantendrían en sus puestos aunque la nave se hundiera. Estaban preocupados por salvarse, sin importar los demás.

Por otro lado Pablo, el prisionero, es el que intenta detener la huida.

En efecto, él es ahora el que tiene el control. Hasta le da órdenes al centurión. Y este, con sus soldados, le escuchan. Lucas nos relata que cuando Pablo les dice que no deben dejar escapar a los marineros «los soldados cortaron las amarras del esquife y lo dejaron perderse» (v. 32). Debió haber sido un momento difícil para Lucas ya que él fue uno de los que ayudó a asegurar el bote al inicio de la terrible experiencia (v. 16). Ese bote era importante. Era el que normalmente se usaba para ir del barco a la costa. Literalmente era su único bote salvavidas.

Pero por ahora, los ocupantes del barco confiaban más en el liderazgo de Pablo que en el bote. Inmediatamente hicieron lo que él les dijo. En lugar de poner sus vidas en manos de un bote, las pusieron en manos de un hombre encadenado que no los podía llevar a cuestas en el mar. Y una vez que cortaron las cuerdas que ataban el bote quedaron a merced del liderazgo de Pablo. Pablo se había convertido en su única esperanza. Ese es el epítome de liderazgo en su máxima expresión, cuando la gente confía sus vidas a alguien. Es un riesgo de vida o muerte que sucede todo el tiempo en el combate militar, la labor policial y otras actividades peligrosas.

Una ironía más: Hay un contraste entre el versículo 22 y el 31. El 31 dice que a menos que los marineros se mantuvieran en el barco, el centurión y los soldados no sobrevivirían. Pero según el versículo 22, Pablo les dijo: «No habrá ninguna pérdida de vida entre vosotros, sino solamente de la nave». Esa promesa, nos dice, la recibió de Dios por parte de un ángel. Era certera y definitiva. No había ninguna razón para dudar de la veracidad de Dios, su poder y su soberanía. Dios iba a cumplir lo que había anunciado.

No obstante, Pablo no se imaginó ni por un momento que la soberanía de Dios anulaba la responsabilidad humana. Claramente no supuso que si Dios ya había develado el final, no importaría lo que el hombre hiciera. Él no pensó: *Si Dios quiere salvar a los pasajeros de este barco, lo hará sin mis esfuerzos.*

Pablo comprendió que Dios no simplemente decretó el *final*; también decreta los medios. Y en el curso normal de los eventos, Dios usa medios ordinarios para hacer su voluntad.

En este caso, los medios que Dios escogió para salvar a la tripulación requerían que ellos se mantuvieran en el barco. Sin manos habilidosas cuando saliera la luz del día, llegar a la costa hubiera sido prácticamente imposible para los demás pasajeros. La soberanía de Dios no anuló la responsabilidad de los marineros. Es más, el decreto de Dios era exactamente lo que establecía la responsabilidad de ellos.

El versículo 22 de Hechos 27 («no habrá ninguna pérdida de vida entre vosotros, sino solamente de la nave») y el 31 («Si éstos no permanecen en la nave, vosotros no podéis salvaros»), muestran el equilibrio perfecto entre la soberanía divina y la responsabilidad humana. No existe ninguna contradicción entre estos principios. Ambas cosas son verdaderas. Nadie en ese bote iba a morir. Dios *lo* había decretado así. Pero a menos que la tripulación se mantuviera en el barco y ayudara a llegar a la isla de Malta, los pasajeros no se salvarían. Dios también decretó eso. Él dispone los medios al igual que el final y es por eso que la verdad de la responsabilidad humana se *establece y se afirma* por la soberanía de Dios. No se anula.

Por eso, aunque Pablo estaba completamente seguro que el objetivo principal de Dios era salvar a cada uno de los pasajeros, ese conocimiento no le impidió advertir y dirigir a Julio, que necesitaba ser diligente para llevarlo a cabo, asegurándose que la tripulación no abandonara la nave.

Aquí encontramos el séptimo principio que todo líder sabio debe seguir: *El líder nunca transige los absolutos.*

Cuando Dios habla, no se puede transigir. Una cosa es transigir en cuestiones de preferencia y otra totalmente diferente en cuestiones de principios.

Transigir es bueno y necesario en la mayoría de las relaciones humanas. En el matrimonio, por ejemplo, las parejas deben ceder con frecuencia para lidiar con los desacuerdos respecto a la preferencia y a la opinión. En el gobierno secular, los compromisos son necesarios a veces para poder sobrepasar los obstáculos ejecutivos o legislativos. En los negocios, transigir es importante para cerrar un trato. La persona que rehúsa ceder en cualquier circunstancia es obstinada, irrazonable y egoísta. Esa clase

> *Principio de liderazgo # 7:*
> **EL LÍDER NUNCA TRANSIGE LOS ABSOLUTOS.**

de inflexibilidad de voluntad es pecaminosa y ha llevado a la ruina a muchas relaciones y organizaciones.

Pero en lo que respecta a cuestiones de *principios* como las bases éticas y morales, absolutos bíblicos, axiomas de la Palabra de Dios, mandatos claros de Dios y la veracidad de Dios mismo, con eso no se debe transigir. Un verdadero líder sabe eso y sabe dónde trazar el límite.

En este caso, Pablo no iba a dejar que la ingenuidad humana arruinara los propósitos de Dios. Una persona de menor carácter hubiera dicho: «Está bien, deja que se vayan. No vale la pena preocuparse por eso». Pero Pablo sabía que la promesa divina era de índole absoluta. Dios iba a proteger a todos los que se encontraban a bordo del barco. Pero no se iba a quedar impávido viendo a esos cobardes intentar en vano burlar su plan y su promesa. Dios se iba a mostrar. Se mostraría grande y poderoso. Todos se salvarían y Dios tendría todo el mérito por lo que iba a hacer. Pero mientras tanto, Pablo vería cómo cada intento por frustrar los planes de Dios se anulaba por sí solo. Y por lo tanto, en ese caso, fue el liderazgo decisivo y rápido de Pablo lo que Dios usó para detener el éxodo de la tripulación y preservar así muchas vidas.

Muchas personas se vuelven tímidas y temerosas en confrontaciones y circunstancias como esas. Pero no sucede eso con un verdadero líder.

Los líderes auténticos tienen una comprensión clara de lo que es absoluto y lo que es negociable, y mantienen los principios que realmente importan. Para el líder *espiritual*, los absolutos son establecidos por la Palabra de Dios. Un líder que aplica todos los principios de liderazgo puede quizás lograr una medida de efectividad pragmática. Pero *este* principio probará realmente quién es usted como líder. Nadie puede ser un líder efectivo espiritual a menos que comprenda la verdad esencial de la Escritura y rehúse transigir su autoridad absoluta. Este principio aplica, estoy convencido, no sólo a los pastores o a los líderes de las iglesias sino a cualquier cristiano que desea ser un buen líder.

AL DESPUNTAR EL DÍA

Sea que esos renegados marineros se hayan dado cuenta o no, Pablo les estaba haciendo un gran favor. Abandonar el barco en la oscuridad de la madrugada, en medio de un huracán, e intentar llegar a la costa en un bote pequeño era una gran tontería.

Con certeza no sabían lo que les esperaba en la costa, o si había rocas entre ellos y la costa. Simplemente estaban aterrorizados y pensaron que sus oportunidades de supervivencia serían mejores si se metían en el pequeño bote en lugar de golpear las rocas con un barco grande de carga.

Tal como sucede con los buenos líderes, Pablo estaba alerta. También conocía la línea de mando. En vez de intentar detener él mismo a la tripulación, le hablo a Julio para que ordenara a los soldados que actuaran. Esa actuación de cortar las cuerdas y dejar el bote a la deriva hizo que los marineros se tuvieran que quedar en el barco. Y también aseguraba que todos tuvieran que nadar a la costa.

Finalmente, el amanecer se acercaba. Lucas escribió:

«Cuando comenzó a amanecer, Pablo exhortaba a todos que comiesen, diciendo: Este es el decimocuarto día que veláis y permanecéis en ayunas, sin comer nada. Por tanto, os ruego que comáis por vuestra salud; pues ni aun un cabello de la cabeza de ninguno de vosotros perecerá. Y habiendo dicho esto, tomó el pan y dio gracias

a Dios en presencia de todos, y partiéndolo, comenzó a comer»
(Hechos 27.33-35).

Con estas palabras identificamos el octavo principio de liderazgo: *El
líder se enfoca en los operativos, no en los obstáculos.*

Lucas ya había mencionado en el versículo 21 que los pasajeros y la
tripulación se abstuvieron de comer. Aquí nos damos cuenta que por
dos semanas completas continuaron batallando contra los elementos
sin comer. Pablo, líder analítico, les animó para que comieran.

Vio más allá de la tormenta, más allá de la urgencia del momento y supo
que necesitaban prepararse para la dificultad que tenían que enfrentar.
Aunque todos veían los obstáculos, Pablo tenía sus ojos fijos en el ope-
rativo, «por vuestra salud», les dijo
Pablo, «pues ni aun un cabello de la
cabeza de ninguno de vosotros perecerá» (v. 34). ¡Van a salvarse. No
van a lesionarse. Pero necesitan un

> *Principio de liderazgo # 8:*
> **EL LÍDER SE ENFOCA EN LOS
> OPERATIVOS, NO EN LOS
> OBSTÁCULOS.**

buen desayuno! (Nuevamente vemos el equilibrio perfecto de la soberanía
divina y la responsabilidad humana.)

Pablo les estaba haciendo olvidar sus temores, la amenaza de muerte
en la tormenta, el desafío de nadar hasta la costa y mas bien los animó a que
participaran de la nutrición que necesitarían para lograrlo.

Recuerdo cuando jugaba fútbol, que me reuní con los demás del equipo
durante un momento crítico de un juego, y les dije: «¡Después que
anotemos vamos por el segundo!, así que tomen sus puestos después de
la anotación para atraparlos durante el cambio defensivo». La estrategia
era hacer que el equipo olvidara el temor del momento.

Pablo hizo eso, les dio las palabras de ánimo que les ayudó a ignorar los
terribles obstáculos.

Lucas dice que Pablo después tomó el pan, dio gracias a Dios en presencia de todos (reforzando nuevamente de dónde provenía su autoridad y
su esperanza) y luego comenzó a comer. Esta es una verdad que cualquier
madre piadosa sabe: dos claves para servir a Dios son la oración y un buen
desayuno.

Pablo no ignoró las necesidades físicas de la tripulación ni les dio una conferencia acerca de las carencias espirituales de sus almas. Él equilibró la parte espiritual con la física. Luego comenzó a comer, dando el ejemplo.

De hecho, este es el principio número nueve de liderazgo: *El líder capacita mediante el ejemplo.*

Observe el efecto: «Entonces todos, teniendo ya mejor ánimo, comieron también» (v. 36). El estímulo de Pablo se volvió contagioso. Todos participaron del alimento y eso tuvo un efecto deseado. Comenzaron a sentirse bien, más fuertes y con más esperanzas. Y luego todos se pusieron a trabajar. «Éramos todas las personas en la nave doscientas setenta y seis» (v. 37). Quizás se contó a los pasajeros durante el desayuno para verificar el número exacto de personas que estaban a bordo. Eso sería esencial más tarde, cuando tuvieron que reagruparse en la costa, para asegurarse que todos sobrevivieron.

Luego se pusieron a trabajar en una última actividad. El barco necesitaba estar lo más liviano posible para llevarlo hacia la costa. «Y ya satisfechos, aligeraron la nave, echando el trigo al mar» (v. 38). El sobrante de la carga, que había servido como lastre, fue lanzado al agua. Para el dueño del barco y la tripulación, era claro que nada más se iba a salvar, aparte de sus vidas. La profecía estaba cumpliéndose al pie de la letra.

La luz del día finalmente llegó: «Cuando se hizo de día, no reconocían la tierra, pero veían una ensenada que tenía playa, en la cual acordaron varar, si pudiesen, la nave. Cortando, pues, las anclas, las dejaron en el mar, largando también las amarras del timón; e izada al viento la vela de proa, enfilaron hacia la playa» (vv. 39-40).

Ahora vemos por qué era esencial que la tripulación se mantuviera a bordo. Solamente un marinero experimentado sabría cómo hacer esas cosas. El timón fue atado debido a la tormenta. En vientos fuertes como ese sería imposible mantener el timón por mucho tiempo y el barco empezaría a navegar en círculos. Así que fue detenido con amarras,

Principio de liderazgo # 9:
EL LÍDER CAPACITA MEDIANTE EL EJEMPLO.

cuerdas firmes que trataban de mantener el curso lo más recto posible.

Ahora tenía que ser liberado para que el piloto pudiera maniobrarlo hacia la costa.

Gracias a la providencia soberana de Dios, su curso los llevó hasta el lugar exacto, uno de los pocos en esa vasta expansión del Mediterráneo donde podrían tratar de llegar a la costa con ese gran navío. No era un desfiladero o una costa pedregosa sino mas bien «una bahía con una playa».

Así que cortaron las anclas lo que significa muy probablemente que rompieron las cuerdas que la sostenían. No había necesidad de llevar cuatro anclas pesadas a bordo. Todos sabían que el barco se destrozaría, tal como Pablo lo predijo.

Izaron la vela (la palabra en griego sugiere que pudo haber sido la vela delantera y no la del mástil principal) y se dirigieron a la playa.

No tenían idea de lo que iba a suceder. «Pero dando en un lugar de dos aguas, hicieron encallar la nave; y la proa, hincada, quedó inmóvil, y la popa se abría con la violencia del mar» (v. 41).

Santo Tomás, en la parte oriental de Malta, encaja perfectamente con la descripción de «en un lugar de dos aguas». Las corrientes del océano convergen en el arrecife Munxar, una península sumergida que se adentra milla y media en el océano. Las grandes olas de las dos corrientes se juntan exactamente en ese arrecife, haciendo que las olas formen un patrón cruzado peculiar. Especialmente en una tormenta, las olas rompen juntas dando la impresión de que dos mares colisionan. Inmediatamente, como el arrecife escondido se encuentra a muy poca profundidad, es suficiente como para encallar un barco.

Desde la perspectiva de la nave llegando a la bahía, parecería que tenían camino libre hacia la playa. Pero el barco encalló en el arrecife. «La popa se abría con la violencia del mar» y las grandes olas violentas continuaron golpeando la parte trasera del barco hasta que no pudo tolerar más la tensión y empezó a romperse.

El navío quedó varado a cierta distancia de la playa. La furia de los vientos y las olas siguieron golpeándolo hasta que varias piezas empezaron a romperse. No quedaba otra opción que nadar hasta la playa.

TODOS A SALVO

En ese punto, los soldados se dieron cuenta de que cada uno tenía que preocuparse por su propia vida. No iban a internarse en esas aguas encadenados a los prisioneros.

Y en esa situación de vida o muerte, tan caótica, sería imposible vigilar a los prisioneros. Pero tal como lo vimos en el capítulo 1, si un soldado romano perdía un prisionero, le tocaba pagar con su vida. Y por esa razón planearon matar a Pablo y al resto de los prisioneros para garantizar que ninguno escapara.

Lucas escribió: «Entonces los soldados acordaron matar a los presos, para que ninguno se fugase nadando. Pero el centurión, queriendo salvar a Pablo, les impidió este intento, y mandó que los que pudiesen nadar se echasen primero, y saliesen a tierra; y los demás, parte en tablas, parte en cosas de la nave. Y así aconteció que todos se salvaron saliendo a tierra» (vv. 42-44).

Ya que el liderazgo de Pablo no solamente se había ganado a Julio, sino que también lo hizo indispensable, el centurión detuvo el plan de los soldados para matar a los prisioneros. En diferentes circunstancias, quizás hubiera autorizado esa matanza. Después de todo, desde la perspectiva de la sabiduría humana, era lo más prudente. «Pero el centurión, queriendo salvar a Pablo...» ¿Alguna duda?

Si había al fin alguien a quien Julio no quería perder, era el hombre que se desempeñó tan admirablemente como líder. Así que les ordenó a aquellos que pudieran nadar primero hacia la costa que lo hicieran, y que los demás se aferraran a las tablas o piezas del barco de cualquier forma con la cual pudieran flotar y llegar hasta la playa.

Imagínese a 276 personas lanzándose a las olas poderosas que podían destruir todo un barco y que cada una de ellas lograra llegar a salvo a la playa. Las probabilidades eran astronómicas. Pero exactamente eso fue lo que sucedió. Doscientas setenta y seis personas se lanzaron al mar y doscientas setenta y seis personas llegaron a la playa. En tremenda situación.

El primer pensamiento que todos seguramente tuvieron era de agradecimiento al Dios que Pablo adoraba. Sus promesas eran ciertas. Su

palabra era verdad. El ángel de Dios le había dicho a Pablo que eso sucedería, y ocurrió exactamente como él dijo.

El triunfo de Pablo era el de un gran liderazgo. Probado en momentos de crisis, dio un paso al frente y demostró lo que verdaderamente
hace un líder. Él era decidido. Determinado. Tenía un pensamiento
claro y equilibrado. Se encargó de las cosas cuando estaban fuera de
control. Y Dios honró sus esfuerzos con un éxito asombroso. Pablo no
transigió los absolutos ni se distrajo del objetivo debido a los obstáculos.
Y dirigió con el ejemplo.

En circunstancias en que otra clase de hombres habría sido pasiva o
se habría rendido, Pablo se encargó y se convirtió en un ejemplo para
todos los que son llamados a ser líderes. Este fue uno de los episodios
más sobresalientes en la vida de este noble cristiano, que por el designio
de Dios tiene tanto que enseñarnos acerca de los rigores y las recompensas del verdadero liderazgo.

En la siguiente sección, analizaremos algunos de los escritos de Pablo
acerca de los principios de un liderazgo piadoso. Allí encontraremos algunos consejos maravillosos del verdadero corazón de un líder al observar
las batallas que el apóstol tenía en diferentes clases de adversidad, de de-
cepciones y de dificultades personales, las que un líder sufre cuando su
propia gente se desvía del ejemplo que él les da.

SEGUNDA PARTE

PABLO EN CORINTO: LIDERAZGO BAJO FUEGO

Capítulo cinco

LA DEVOCIÓN DE UN LÍDER POR SU PUEBLO

Dejemos ahora la narrativa de Lucas acerca del apóstol Pablo y vayamos a una de las epístolas más inspiradas, poderosas y conmovedoras del mismo apóstol. De ahora en adelante vamos a observar algunos capítulos clave de 2 Corintios. Esta es la carta canónica más apasionada, biográfica y personal de Pablo y la que tiene la perspectiva más rica acerca de la calidad de su liderazgo.

En la cronología de la vida de Pablo, su relación con Corinto precedía al naufragio maltés por casi una década. Pablo llegó por primera vez a Corinto durante su segundo viaje misionero aproximadamente en el año 50 después de Cristo. El episodio del naufragio que hemos examinado ocurrió después de su tercero y último viaje misionero, alrededor del año 60 ó 61 después de Cristo. Por esa razón, como preludio para nuestro estudio del libro de Segunda de Corintios, retrocedimos nueve capítulos al de los Hechos y una década en el tiempo.

Pablo escribió Segunda de Corintios específicamente para defender su apostolado y para responder a algunas de las mayores amenazas que tenía su liderazgo en la iglesia de Corinto. Allí abrió su corazón de manera muy personal acerca del tema de liderazgo. De muchas maneras, esta epístola por sí sola podría ser un manual maravilloso para los líderes. Si trabajamos de manera sistemática en toda la epístola podríamos completar un volumen muy grande con consejos acerca de liderazgo extraídos de Segunda de Corintios. Pero eso haría que *este* libro fuera muy voluminoso.[1]

Por lo tanto, el objetivo de los próximos capítulos es simplemente enfatizar algunos de los aspectos de Segunda de Corintios, darle un vistazo a los principios más importantes que enseñar a los líderes y tratar de conocer el corazón del verdadero líder viendo cómo el apóstol Pablo entregaba su alma a aquellos a quienes estaban bajo su cuidado apostólico y pastoral.

Para que entendamos el contexto de lo que vamos a estudiar, necesitamos saber algo acerca de la ciudad de Corinto, de la iglesia que Pablo fundó allí y de las circunstancias que provocaron que Pablo escribiera esta epístola en particular a esa grey.

CÓMO LLEVÓ PABLO
EL EVANGELIO A CORINTO

Hechos 18 describe que Pablo llegó por primera vez a Corinto después de su visita a la gran ciudad de Atenas, donde hizo una defensa de su enseñanza a los filósofos en medio del Areópago, una corte de la sabiduría ateniense, llamada así por la colina donde se localizaba, junto al Partenón (Hechos 17.22-34). La distancia entre Atenas y Corinto era de setenta y dos kilómetros junto a la costa del Golfo Sarónico.

Corinto se encontraba en un istmo angosto que conecta Grecia con el Peloponeso (la gran península que define la parte sur de Grecia). Ese istmo sólo tiene seis kilómetros de ancho, es la sección más angosta, y allí se encontraba estratégicamente Corinto. Actualmente hay un canal profundo cerca de Corinto que permite que los barcos pasen. Durante el primer siglo, sin embargo, los barcos eran llevados a la costa, montados sobre ruedas y transportados a través del istmo hasta el otro lado. Con excepción de los grandes barcos que viajaban en sus rutas mercantiles entre los mares Adriático o Ageo todos pensaban en esa ruta, ya que el viaje de cuatrocientos kilómetros alrededor del sur de Grecia era traicionero y requería de mucho tiempo.

Desde épocas remotas, Corinto era un centro mercantil conocido, disfrutaba de ser la mejor bahía en el golfo de Corinto. No obstante, en el año 146 después de Cristo, el ejército romano bajo el emperador Mummio destruyó la ciudad y la dejó completamente vacía, vendiendo como esclavos a todos los habitantes que sobrevivieron.

Corinto se mantuvo desolada por un siglo completo. Cien años después, sin embargo, Julio César reconstruyó la ciudad, poblándola principalmente con esclavos liberados. Se convirtió en un centro turístico, muy ocupado y lleno de viajeros. Con el tiempo obtuvo una reputación por su vida libertina.

Las principales atracciones de Corinto eran los templos paganos donde servían prostitutas. Las religiones paganas del mundo griego y romano convirtieron a la fornicación en un sacramento religioso y Corinto llegó a ser el punto principal de esa clase de «adoración» profana. La ciudad completa estaba llena de burdeles. Hasta la fecha se pueden encontrar ruinas de esos locales en Corinto. La fornicación como ritual se impregnó tanto en la cultura de los corintios que, en el primer siglo, «corintianizar» se convirtió en un sinónimo de inmoralidad sexual y una «chica corintia» era un eufemismo que significaba prostituta.

Todos sabían que Corinto era una ciudad llena de vicios. Una comparación análoga sería Las Vegas actualmente, con excepción de que sus atracciones principales eran los templos en lugar de los casinos.

Ese no era el mejor lugar para fundar una iglesia. Pero Corinto también tenía una comunidad muy grande de judíos y una sinagoga activa localizada en el centro. Pablo encontró allí una puerta abierta para el evangelio «mas cuando el pecado abundó, sobreabundó la gracia».

Hechos 18 nos cuenta la historia de cómo se fundó la iglesia de Corinto. Cuando Pablo llegó a Corinto, conoció a Priscila y a Aquila, ambos tenían la misma habilidad que el apóstol: confeccionaban tiendas (Hechos 18.2-3). Pablo se quedó con ellos y trabajó junto a ellos entre semana, y cada día de reposo iba a la sinagoga y predicaba el evangelio (v. 4). Se convirtieron en grandes amigos, compañeros del evangelio y colaboradores con él en su ministerio (Hechos 18.18; Romanos 16.3; 1 Corintios

16.19; 2 Timoteo 4.19). Silas y Timoteo pronto se unieron a Pablo en el trabajo misionero de Corinto (Hechos 18.5).

Un punto decisivo en Corinto surgió cuando la mayoría de los judíos en la sinagoga rehusaban aceptar las enseñanzas de Pablo: «sacudiéndose los vestidos: Vuestra sangre sea sobre vuestra propia cabeza; yo, limpio; desde ahora me iré a los gentiles» (Hechos 18.6).

Y se mudó con un gentil llamado Justo (que vivía al lado de la sinagoga). Por supuesto, Pablo siguió predicando el evangelio, pero ahora el enfoque de su ministerio era la plaza y las comunidades gentiles. Algunos judíos respondieron, incluyendo a Crispo, el gobernador de la sinagoga, quien junto con su casa creyeron en el Señor. Y muchos de los corintios gentiles, escucharon, creyeron y fueron bautizados (v. 8). Esa es la razón por la cual la mayoría de la iglesia en Corinto eran gentiles con orígenes paganos (1 Corintios 12.2).

Corinto era uno de los campos misioneros más fructíferos del apóstol Pablo. Lucas dice que mientras la iglesia comenzaba a crecer: «Entonces el Señor dijo a Pablo en visión de noche: No temas, sino habla, y no calles; porque yo estoy contigo, y ninguno pondrá sobre ti la mano para hacerte mal, porque yo tengo mucho pueblo en esta ciudad» (Hechos 18.9-10). El ministerio evangelístico de Pablo continuó por un año y medio antes de encontrar gran resistencia.

Entonces, alrededor de julio del año 51 después de Cristo, un hombre llamado Galión se convirtió en el nuevo procónsul romano de Acaya, la mitad sureste de Grecia. La comunidad judía de Corinto buscó la oportunidad para hacerle problemas a Pablo. Pensaron que probablemente podían explotar la inexperiencia de Galión y convencerlo de apresar a Pablo o sacarlo de Corinto. «Los judíos se levantaron de común acuerdo contra Pablo, y le llevaron al tribunal [un lugar llamado *bema*, en el centro del *agora* corintio, o mercado], diciendo: Este persuade a los hombres a honrar a Dios contra la ley» (vv.12-13). Galión sabiamente desechó los cargos, diciendo que no tenía ningún deseo de intervenir en un problema interno de la religión judía (vv. 14-15). «Y los echó del tribunal» (v. 16).

La mayor consecuencia de este levantamiento fue que Sóstenes (que evidentemente había tomado el lugar de Crispo como gobernador de la sinagoga cuando este se convirtió al cristianismo), recibió una golpiza delante del *tribunal* a manos de la comunidad griega local (v. 17). Esta puede ser una indicación de la aceptación tan notable y la confianza que el apóstol Pablo se había ganado aun entre los paganos de Corinto. (Sorprendentemente, un poco después de este episodio, parece que Sóstenes también abrazó el evangelio y se convirtió en un colaborador de Pablo [1 Corintios 1.1]).

Por esa razón, dice Lucas, que Pablo se mantuvo en Corinto «por un buen tiempo» (Hechos 18.18), pastoreando la iglesia que fundó. Solamente en la ciudad de Éfeso fue donde Pablo sirvió más tiempo como pastor. La iglesia de Corinto era netamente paulina, estaban endeudados especial y personalmente con el gran apóstol Pablo por su liderazgo.

Lo conocían bien y tenían todas las razones para confiar en él, para reverenciar su influencia y para mantenerse leal a él y a sus enseñanzas.

PROBLEMAS EN
LA IGLESIA DE CORINTO

Sin embargo, después de que Pablo dejó Corinto, serios problemas se suscitaron en la iglesia, los que requerían de un fuerte liderazgo. Cuando Pablo lo supo, no pudo regresar a Corinto de inmediato, y por esa razón decidió dirigirlos a la distancia por medio de una serie de cartas. Sabemos que al menos una de ellas precedió a la primera epístola canónica, porque Pablo mismo se refiere a ella en 1 Corintios 5.9 diciendo: «Os he escrito por carta, que no os juntéis con los fornicarios». Esa nota de precaución pudo haber sido el único punto significativo que Pablo presentó en esa carta, porque sus contenidos de otra forma se han perdido. También parece referirse a otra epístola no canónica en 2 Corintios 2.4, cuando escribió: «Porque por la mucha tribulación y angustia del corazón os escribí con muchas lágrimas». Esas cartas (aunque con seguridad tenían amonestaciones apostólicas autoritativas particularmente para la iglesia de Corinto) no las hizo para que fueran parte de la Escritura para la iglesia universal. La prueba simplemente es que no fueron preservadas.

Las cartas del Nuevo Testamento de Pablo a los Corintios son dos libros comprensivos acerca de la vida eclesiástica. Sus implicaciones en el liderazgo son profundas.

La primera epístola es muy clara al mostrar que con la ausencia de Pablo, ocurrieron serios problemas de liderazgo en Corinto. La iglesia se estaba dividiendo. Había personas diciendo: «Yo soy de Pablo» o «Yo soy de Apolos» o «Yo soy de Cefas» o «Yo soy de Cristo» (1 Corintios 1.12).

Ese espíritu de división y conflicto despedazó la unidad de la iglesia, haciendo que fuera motivada por la envidia, la lucha y la carnalidad (1 Corintios 3.3). El problema no surgía de ningún fracaso del liderazgo de Pablo, de Apolos o Cefas (Pedro). Ellos eran hombres piadosos que laboraban unidos con los mismos objetivos (v. 8) y todos compartían las mismas convicciones (aunque tenían diferentes *estilos* de liderazgo). El problema era la carnalidad en la iglesia y Pablo lo dijo expresamente (v. 4).

Sin embargo, la división de la iglesia reflejaba un *vacío* serio en el liderazgo que se había desarrollado en Corinto. Después de que Pablo se fuera, Apolos había dirigido con gran capacidad a esa congregación por una temporada (Hechos 18.27-28; 19.1). Pero se movió a otros campos misioneros y poco después fue cuando ocurrieron las divisiones.

La primera epístola de Pablo nos demuestra que obviamente el problema de las luchas internas de los corintios se desarrollaba por la falta de liderazgo sabio y piadoso después de la salida de Pablo y Apolos. Los creyentes corintios estaban tolerando la inmoralidad (1 Corintios 5.1).

Los creyentes se demandaban unos a otros en las cortes seculares (6.1). Personas en la iglesia coqueteaban con la idolatría (10.14), desordenando la mesa de Señor (11.17-22) y abusando de sus dones espirituales. Además, también se encontraban personas entre ellos que empezaron a dudar de la autoridad apostólica de Pablo (9.1-8).

Esa poderosa primera epístola parece haber resuelto la mayoría de los asuntos en la iglesia de Corinto, pero al momento en que Pablo escribía la segunda carta, un nuevo ataque caía sobre la iglesia de Corinto, sugiriendo que la falta de un fuerte liderazgo seguía siendo el mayor problema ahí. Los falsos maestros, que decían tener mayor autoridad que la del apóstol Pablo, llegaron a la ciudad y sistemáticamente estaban acabando con la lealtad de la iglesia a su fundador y hacia el apóstol de Cristo.

Cuestionaron las credenciales apostólicas de Pablo y empezaron a atacar las enseñanzas de Pablo y su reputación (2 Corintios 11.13). Se notaba claramente que estaban aprovechándose del vacío del liderazgo de esa iglesia.

Uniendo las piezas que aparecen en Segunda de Corintios, esto parece ser lo que sucedió después: Pablo escuchó acerca de la amenaza de estos falsos maestros en Corinto, salió de Éfeso (donde estaba pastoreando) y viajó a Corinto para intentar resolver los asuntos allá. Les había prometido en una epístola anterior que los visitaría (1 Corintios 4.19; 11.34; 16.5), así que aprovechó esa oportunidad para ir. Pero la visita, bajo esas circunstancias, se volvió una experiencia profundamente triste para Pablo (2 Corintios 2.1).

Aparentemente, alguien de la iglesia, influenciado por las falsas enseñanzas, pecó contra Pablo de una forma humillante y pública, quizá desafiándolo o insultándolo. Pablo parece referirse a ese individuo en 2 Corintios 2.5-8: «Pero si alguno me ha causado tristeza, no me la ha causado a mí solo, sino en cierto modo (por no exagerar) a todos vosotros (v. 5). En 2.4 y en 7.9-12, Pablo indica que ese episodio lo hizo escribir una carta de amonestación (otra epístola no canónica) que fue enviada por medio de Tito (8.6, 16; 12.18-21).

Luego de esa desastrosa visita a Corinto, Pablo hizo planes de volver allí dos veces más desde Éfeso, una de camino a Macedonia y otra de regreso a casa (1.15-16). Pero algo hizo que sus primeras dos visitas de seguimiento fueran imposibles y es por eso que Pablo envió la carta de amonestación con Tito en su nombre (2.1-3). En realidad prefirió que así fuera, porque sentía que no le causaría tanto dolor a los corintios (1.23); una carta es menos fuerte que una amonestación cara a cara. Además, Pablo mismo no quería hacer otra visita dolorosa a Corinto (2.1).

Aparentemente, sin embargo, ya había comunicado su intención de hacer esa doble visita a los corintios y como no pudo ir las personas que lo criticaban en Corinto aprovecharon esa oportunidad para acusarlo. Decían que no podían confiar en él (1.19-23).

Luego de pasado un tiempo desde que Tito entregó la carta, Pablo estaba ansioso de saber de los corintios. Y por eso empezó su tercer viaje misionero allí («Esta es la tercera vez que voy a vosotros» [13.1]). Se detuvo primero en Troas, donde esperaba encontrarse con Tito. «No tuve reposo en mi espíritu, por no haber hallado a mi hermano Tito; así, despidiéndome de ellos, partí para Macedonia», escribió en el versículo 13 del capítulo 2. Fue en Macedonia (probablemente en Filipos), donde *se* encontró con Tito (7.6) y donde recibió las buenas noticias de que los corintios habían respondido a la carta con señales de arrepentimiento: «y no sólo con su venida, sino también con la consolación con que él había sido consolado en cuanto a vosotros, haciéndonos saber vuestro gran afecto, vuestro llanto, vuestra solicitud por mí, de manera que me regocijé aun más. Porque aunque os contristé con la carta, no me pesa, aunque entonces lo lamenté; porque veo que aquella carta, aunque por algún tiempo, os contristó. Ahora me gozo, no porque hayáis sido contristados, sino porque fuisteis contristados para arrepentimiento; porque habéis sido contristados según Dios, para que ninguna pérdida padecieseis por nuestra parte» (7.7-9).

LA FIDELIDAD DE
UN LÍDER VERDADERO

Fue durante estas circunstancias, inmediatamente después de que escuchó acerca del informe estimulante de Tito, que Pablo escribió Segunda de Corintios. Como notamos, es la más intensamente personal, apasionada y pastoral de todas las epístolas. Es obvio por el texto que Pablo sabía que había mucho que hacer para poder aclarar la confusión de las enseñanzas de los falsos maestros. Necesitaba defender su propio apostolado y lidiar con el vacío del liderazgo que había generado tantas dificultades para la comunidad de los corintios.

Pablo era leal a la iglesia de Corinto y quería que ellos lo fueran con él. Por eso, a propósito de esta gran epístola, surge el principio vital número diez sobre liderazgo: *El líder cultiva la lealtad.*

No me refiero a un deseo egoísta por una veneración personal (2 Corintios 12.11). Él deseaba que ellos fueran leales a la verdad que les había enseñado (vv. 15-19) por eso, a pesar del intenso disgusto que tenía Pablo de gloriarse y de defenderse a sí mismo, vigorosamente vindicó su apostolado en contra de las mentiras de los falsos maestros. Y por tanto, ejemplificando su propia devoción a los corintios, apeló con sinceridad a su lealtad para con él. Este es uno de los temas principales de Segunda de Corintios.

La lealtad es una gran virtud. Con frecuencia olvidamos esta simple verdad debido a la era cínica en la que vivimos. Nuestra sociedad está tan llena de líderes corruptos y tan hostiles al concepto de la verdad autoritativa que la lealtad con frecuencia se percibe como una debilidad más que como un mérito. La rebeldía y el desafío han sido canonizados

> *Principio de liderazgo # 10:*
> **EL LÍDER CULTIVA LA LEALTAD.**

como virtudes: «Hombre de verdad, ¿quién lo hallará?» (Proverbios 20.6)

Pero la Escritura exalta la lealtad. La lealtad se la debemos primero al Señor y a su verdad pero también a aquellos que defienden la verdad. Segunda de Crónicas 16.9 dice: «Porque los ojos de Jehová contemplan toda la tierra, para mostrar su poder a favor de los que tienen corazón perfecto para con él».

La lealtad es algo frágil. David oró: «Asimismo da a mi hijo Salomón corazón perfecto, para que guarde tus mandamientos, tus testimonios y tus estatutos» (1 Crónicas 29.19). Salomón mismo le pidió a todo Israel: «Sea, pues, perfecto vuestro corazón para con Jehová nuestro Dios, andando en sus estatutos y guardando sus mandamientos, como en el día de hoy».

Aun así, la propia caída moral de Salomón vino a causa de que «su corazón no era perfecto con Jehová su Dios, como el corazón de su padre David» (1 Reyes 11.4; 15.3).

La deslealtad se encuentra entre las maldades más repugnantes. Judas pecó porque era un traidor. No tenía ninguna lealtad a Cristo, aun cuando tuvo el privilegio de ser su amigo y compañero cercano por años. No hay ningún pecado más despreciable que el acto de traición de Judas. Jesús mismo clasificó la maldad de este como más impía que la de Pilato (Juan 19.11).

¿Qué quiero decir con la palabra *lealtad?* La lealtad auténtica no es una devoción ciega a un hombre común. La lealtad es, primero que todo, una alianza con la verdad. Pero a la vez involucra devoción a las obligaciones del amor y la amistad. Se encuentra entre las virtudes más piadosas, ya que Dios mismo es eternamente fiel (2 Timoteo 2.13; 1 Tesalonicenses 5.24; 2 Tesalonicenses 3.3).

La lealtad es esencial para el liderazgo. Un líder sabio cultiva la lealtad *siendo* leal al Señor, a la verdad y a las personas a quienes dirige. No existe nada más destructivo para el liderazgo que un líder que transige con su propia lealtad.

Me cuesta mucho oír la crítica de las personas que están bajo mi liderazgo, porque estoy consagrado con mi corazón a ser leal a ellos. Mi instinto es defenderlos. Busco siempre darles el beneficio de la duda. Mi amor por ellos incluye el deseo de pensar siempre lo mejor de ellos. Después de todo, así se expresa el amor: «El amor es sufrido, es benigno; el amor no tiene envidia, el amor no es jactancioso, no se envanece; no hace nada indebido, no busca lo suyo, no se irrita, no guarda rencor; no se goza de la injusticia, mas se goza de la verdad. Todo lo sufre, todo lo cree, todo lo espera, todo lo soporta» (1 Corintios 13.4-7).

Observe la dinámica en el trabajo del trato de Pablo con los corintios. «Porque os celo con celo de Dios» (2 Corintios 11.2). Y hasta cuando les escribió dándoles una represión severa, les dijo: «Así que, aunque os escribí, no fue por causa del que cometió el agravio, ni por causa del que lo padeció, sino para que se os hiciese manifiesta nuestra solicitud que tenemos por vosotros delante de Dios» (7.12).

El liderazgo tiene que ver con motivar a las personas a seguir a alguien. Por lo tanto, todo en el liderazgo se mantiene por la relación del líder con su gente. Es posible motivar a las personas usando simplemente la fuerza, pero ese no es un verdadero liderazgo; eso se llama dictadura. Y nunca logra alcanzar los objetivos del liderazgo. Eso sólo se puede lograr mediante una lealtad amorosa.

Así debe ser el matrimonio (donde la lealtad y la fidelidad son obviamente cruciales); así debe ser con los pastores; y así debe ser con los líderes en todos los niveles. He dado seminarios de liderazgo al departamento de policía, al departamento de bomberos y a cientos de agentes de venta en la distribuidora de autos más grande de la nación. Y les digo que en la médula de los valores se encuentra la virtud de la lealtad con respecto a los que están por encima de ellos, al lado de ellos y debajo de ellos, en una estructura.

Les digo a los que se gradúan del Master's College que pueden ser exitosos en cualquier profesión que escojan si hacen varias cosas de manera constante: llegar a tiempo, guardar silencio y esforzarse, hacer lo que el jefe les diga, tener una actitud positiva y, lo más importante, ser netamente leal a las personas con las que uno trabaja.

El liderazgo cuelga de la confianza y esta se cultiva con la lealtad. Donde hay confianza se mantiene el respeto y se entrega un servicio devoto y sacrificial. Otra manera de decirlo es recordando que nuestros corazones deben estar en nuestra gente, y nuestra gente debe estar en nuestros corazones.

Lord Nelson venció a la marina de Napoleón en la batalla de Trafalgar, frustrando la invasión planeada por este a Inglaterra. Nelson comenzó esa batalla con la famosa frase: «Inglaterra espera que cada hombre haga su parte». Él podía demandar tal devoción porque la daba. De hecho, esa victoria le costó a Nelson su propia vida. Él cultivó la fidelidad y la lealtad mutua en sus hombres. Unos años antes, después de una gloriosa victoria en la batalla del Nilo, le escribió a Lord Howe: «Tengo la feliz fortuna de comandar una banda de hermanos». Ese es el espíritu del verdadero liderazgo.

Pablo era esa clase de líder. Su amor y su lealtad por los corintios coloreaban todo lo que les escribía. Muchos pastores se hubieran rendido teniendo una iglesia tan problemática. Pero Pablo no lo hizo. Él era el epítome de un líder fiel.

CONSOLACIÓN ABUNDANTE EN CRISTO

Pablo inició su segunda epístola a los corintios con una expresión asombrosa de compasión y preocupación por ellos. Les escribió durante un tiempo en que su propio ministerio estaba sufriendo muchos ataques. Por supuesto, el dolor con los problemas en Corinto era intenso. Esos asuntos le pesaban tanto que él mismo dijo: «No tuve reposo en mi espíritu». Y por encima de ello, constantemente sufría perversidad y persecución casi insoportable (11.23-33). Los corintios conocían bien esos sufrimientos. Pero es posible que los falsos apóstoles utilizaran el mismo hecho de la adversidad de Pablo para poner en duda su autoridad, declarando que las adversidades de él eran una prueba de que estaba siendo castigado por Dios. Por tanto, Pablo aclaró las cosas: Dios lo había confortado a él durante todas sus aflicciones y una gran razón del porqué lo hizo era para *capacitarlo* de tal forma que pudiera confortar a los *demás* en sus dolores.

Pablo escribió:

Bendito sea el Dios y Padre de nuestro Señor Jesucristo, Padre de misericordias y Dios de toda consolación, el cual nos consuela en todas nuestras tribulaciones, para que podamos también nosotros consolar a los que están en cualquier tribulación, por medio de la consolación con que nosotros somos consolados por Dios. Porque de la manera que abundan en nosotros las aflicciones de Cristo, así abunda también por el mismo Cristo nuestra consolación. Pero si somos atribulados, es para vuestra consolación y salvación; o si somos consolados, es para vuestra consolación y salvación, la cual se opera en el sufrir las mismas aflicciones que nosotros también padecemos. Y nuestra esperanza respecto de vosotros es firme, pues sabemos que así como sois compañeros en las aflicciones, también lo sois en la consolación (1.3-7).

Observamos, entonces, otro principio indispensable del liderazgo: *El líder tiene empatía por los demás.*

La *empatía* es la habilidad de identificarse con otra persona al grado en que uno sienta lo que ella siente (Hebreos 4.15). Es algo esencial para tener una verdadera compasión, sensibilidad, comprensión y ánimo.

Los corintios le habían hecho daño a Pablo. Los problemas en ese cuerpo habían *causado* algunos sufrimientos. Y, sin embargo, él sabía que ellos también estaban sufriendo. Algunos, al igual que Pablo, sufrían por causa de la justicia («sufrir las mismas aflicciones que nosotros también padecemos» [2 Corintios 1.6]). Otros sentían los dolores del arrepentimiento (7.8-10).

Pablo sintió su dolor y deseaba consolarlos. Les dijo que había esperanza para ellos y que su confianza en ellos se mantenía firme.

Pablo tenía mucho por qué reprender a los corintios. Y en numerosos momentos los reprendió con palabras firmes y necesarias a lo largo de la epístola. Pero es significativo que comenzara esta epístola con tal expresión de empatía por ellos. A pesar de los errores de los corintios, él se mantuvo leal con ellos.

Los líderes deben permitir que su gente también se equivoque. Las personas necesitan ánimo más que regaño cuando están luchando. Ellos siempre reaccionarán bien cuando el líder tiene una empatía sincera con su angustia y su decepción. Las personas necesitan ser edificadas cuando fracasan, no ser aplastados aun más. El líder sabio no necesita

> *Principio de liderazgo # 11:*
> **EL LÍDER TIENE EMPATÍA POR LOS DEMÁS.**

ser áspero con su gente. El liderazgo finalmente trata con personas, no con objetivos estériles ni estrategias que pueden ser escritas en papel.

Ciertamente esto no elimina una reprimenda legítima y una corrección cuando se necesita (2 Timoteo 3.16). Pero puede y debe ser hecha en un contexto de empatía y edificación tal como lo hizo Pablo aquí.

Él era un líder compasivo y fiel y su amor por los corintios es evidente en cada versículo de la epístola. Tal lealtad y empatía eran esenciales para tener un buen liderazgo. Pablo lo sabía, y como observaremos en los capítulos siguientes, eso marcaba todos sus tratos con la iglesia problemática de Corinto.

Capítulo seis
____

PABLO DEFIENDE
SU SINCERIDAD

L a deshonestidad y superficialidad son incompatibles con el verdadero liderazgo. Un líder que tiene doble cara o es engañoso
rápidamente perderá seguidores. Recuerde que el primer principio de liderazgo que observamos en el capítulo 1 dice que el líder debe
ser confiable. La indecisión, la infidelidad, las trampas y hasta la ambi-
güedad sabotean la confianza y el liderazgo. La falta de sinceridad no es
una cualidad que las buenas personas *deban* tolerar en sus líderes.

Tal como lo notamos brevemente en el capítulo anterior, los falsos
maestros en Corinto se habían aprovechado del cambio de planes en el
viaje de Pablo (que había cancelado una doble visita que tenía a Corinto),
y evidentemente estaban explotando ese incidente para poder presentar
a Pablo como alguien vacilante, astuto, de doble cara y en quien no se
podía confiar (1 Corintios 4.18-19). Así que lo primero en la agenda de
Pablo en Segunda de Corintios (después de asegurarles acerca de su devoción personal hacia ellos) era responder a esa acusación.

Y lo hace de una manera tierna y completa. Primero que todo, niega
totalmente la acusación de que él no era sincero. «Porque nuestra gloria es
esta: el testimonio de nuestra conciencia, que con sencillez y sinceridad
de Dios, no con sabiduría humana, sino con la gracia de Dios, nos hemos
conducido en el mundo» (2 Corintios 1.12). Les asegura que nunca ha

hablado una palabra o escrito algo que fuera sembrado con engaño, sellado con doble significado o de alguna otra forma deliberada: «No con sabiduría humana, sino con la gracia de Dios, nos hemos conducido en el mundo, y mucho más con vosotros. Porque no os escribimos otras cosas de las que leéis, o también entendéis» (vv. 12-13). Y luego les asegura su amor incondicional y su compromiso con ellos: «Y espero que hasta el fin las entenderéis; como también en parte habéis entendido que somos vuestra gloria, así también vosotros la nuestra, para el día del Señor Jesús» (vv. 13-14).

Pablo les vuelve a asegurar que originalmente había planeado su itinerario, que su intención y su deseo era visitar Corinto dos veces, una vez de camino a Macedonia y la otra cuando regresara a casa:

Con esta confianza quise ir primero a vosotros, para que tuvieseis una segunda gracia, y por vosotros pasar a Macedonia, y desde Macedonia venir otra vez a vosotros, y ser encaminado por vosotros a Judea. Así que, al proponerme esto, ¿usé quizá de ligereza? ¿O lo que pienso hacer, lo pienso según la carne, para que haya en mí Sí y No? Mas, como Dios es fiel, nuestra palabra a vosotros no es Sí y No. Porque el Hijo de Dios, Jesucristo, que entre vosotros ha sido predicado por nosotros, por mí, Silvano y Timoteo, no ha sido Sí y No; mas ha sido Sí en él (vv. 15-19).

Pablo decía que cuando inicialmente expresó su intención de visitar Corinto (1 Corintios 16.5; 4. 19; 11.34), sus palabras no tenían ninguna pretensión, «Mas, como Dios es fiel» les dijo (reforzando en efecto su seguridad con un juramento), su comunicación con ellos era un «sí» definitivo. Él quería ir sinceramente. Y todavía lo *quería* hacer. Pero las circunstancias cambiaron el momento para la visita planeada.

Luego, en lo que parece una desviación, refuerza la verdad de la propia fidelidad de Dios y de la verdad expresada en el mensaje del evangelio. Observe cómo invoca a las tres personas de la Trinidad para demostrar este punto: «Porque el Hijo de Dios, Jesucristo, que entre vosotros ha sido predicado por nosotros, por mí, Silvano y Timoteo, no ha sido Sí y

No; mas ha sido Sí en él; porque todas las promesas de Dios son en él Sí, y en él Amén, por medio de nosotros, para la gloria de Dios. Y el que nos confirma con vosotros en Cristo, y el que nos ungió, es Dios, el cual también nos ha sellado, y nos ha dado las arras del Espíritu en nuestros corazones» (1 Corintios 1.19–22).

Pablo estaba señalando que su propia sinceridad como mensajero del evangelio estaba arraigada en la fidelidad y la confiabilidad del evangelio mismo. Y eso asimismo refleja la fidelidad de la Trinidad.

Luego, explica *por qué* hubo un cambio en los planes. Una vez más utiliza un juramento solemne para testificar de su sinceridad:

Mas yo invoco a Dios por testigo sobre mi alma, que por ser indulgente con vosotros no he pasado todavía a Corinto. No que nos enseñoreemos de vuestra fe, sino que colaboramos para vuestro gozo; porque por la fe estáis firmes.

Esto, pues, determiné para conmigo, *no ir otra vez a vosotros con tristeza*. Porque si yo os contristo, ¿quién será luego el que me alegre, sino aquel a quien yo contristé? Y esto mismo os escribí, para que cuando llegue no tenga tristeza de parte de aquellos de quienes me debiera gozar; confiando en vosotros todos que mi gozo es el de todos vosotros. Porque por la mucha tribulación y angustia del corazón os escribí con muchas lágrimas, no para que fueseis contristados, sino para que supieseis cuán grande es el amor que os tengo (1.23—2.4, énfasis añadido).

En otras palabras, cualesquiera fueran las circunstancias que contribuyeran a la cancelación de la visita de Pablo, su principal motivo de posponerla era mas bien su sincera compasión por los corintios. Él no quería ir a ellos entristecido (2.1).

Si había retrasado su visita era para no tener que llevar la vara de la disciplina (1.23; 1 Corintios 4.2). No era que no había sido sincero; mas bien actuó por amor a ellos.

En este pasaje vital, pero con frecuencia inadvertido de la Escritura, vemos resaltados tres claves de la sinceridad de Pablo: Primero, siempre operó con una clara conciencia. Segundo, siempre buscó mostrarse confiable con sus palabras y sus acciones. Y tercero, tal como los corintios sabían bien, la forma en que los trataba nunca fue dura ni egoísta sino siempre motivada por un afecto genuino y tierno hacia ellos. Y esa fue la razón por la cual los enemigos de Pablo finalmente no tuvieron éxito en presentarlo como una persona de doble cara o sin sinceridad.

LA INTEGRIDAD QUE MANTIENE LA CONCIENCIA CLARA

Observe que el primer testigo que Pablo llama en defensa de su sinceridad es su propia conciencia. Él nunca había engañado a los corintios, ni usado trucos verbales o de doble sentido con ellos: «Porque no os escribimos otras cosas de las que leéis, o también entendéis» (1.13). En lo que respecta a la acusación de sus enemigos de que era inconstante, la conciencia de Pablo estaba completamente limpia.

También esto es absolutamente esencial para un buen liderazgo: *El líder mantiene la conciencia clara.*

Recuerde, el buen liderazgo es una cuestión de carácter y un carácter justo depende de una conciencia saludable. Para ver el papel de la conciencia en el liderazgo, necesitamos mirar de cerca esta facultad asombrosa —del corazón y de la mente— dada por Dios.

La conciencia es un sistema de advertencia interna que nos dice cuando algo que estamos haciendo está mal. La conciencia para nuestras almas es igual que los sensores del dolor para nuestro cuerpo: inflinge tensión, en la forma de culpabilidad, cuando violamos lo que nuestro corazón nos dice que es correcto.

La conciencia da testimonio de la realidad de que algún conocimiento de la ley moral de Dios está inscrita en cada corazón humano desde la creación (Romanos 2.15). La palabra griega para «conciencia» (*suneidisis*) y la raíz en latín de donde se deriva el término tiene que ver con autoconocimiento, específicamente, una autoconcientización moral. Esa capacidad para una reflexión moral es un aspecto esencial de lo que la

Escritura presenta cuando dice que somos hechos a imagen de Dios. Nuestra sensibilidad a la culpabilidad personal, por lo tanto, es un rasgo fundamental de nuestra humanidad que nos distingue de los animales. Intentar suprimir la conciencia es en realidad reducir la humanidad de la persona.

> *Principio de liderazgo # 12:*
> **EL LÍDER MANTIENE LA CONCIENCIA CLARA.**

La conciencia no es del todo infalible. Una conciencia pobremente instruida puede acusarnos cuando realmente no somos culpables o decir que somos inocentes cuando en realidad estamos equivocados. Pablo dijo en 1 Corintios 4.4: «Porque aunque de nada tengo mala conciencia, no por eso soy justificado». También reconoció que las conciencias de algunas personas son innecesariamente débiles y se ofenden fácilmente (1 Corintios 8.7), por tanto la conciencia misma debe ser instruida y motivada al estándar perfecto de la Palabra de Dios (Salmo 119.11, 34, 80).

Suprimir la conciencia o violarla deliberadamente es mortal para nuestro ser espiritual. Desobedecer a la conciencia en sí mismo es un pecado (Romanos 14.14, 23; Santiago 4.17), aunque ella sea ignorante o mal informada.

Suprimir la conciencia es igual que cauterizarla con un metal caliente (1 Timoteo 4.2), dejándola insensible y, por lo tanto, removiendo peligrosamente una defensa vital en contra de la tentación (1 Corintios 8.10).

Pablo por eso asignó un valor muy alto con respecto a la conciencia clara. Su discurso de despedida a los ancianos en Éfeso comenzó con estas palabras: «Varones hermanos, yo con toda buena conciencia he vivido delante de Dios hasta el día de hoy» (Hechos 23.1). Le dijo a Timoteo: «Doy gracias a Dios, al cual sirvo con una conciencia limpia como lo hicieron mis antepasados, de que sin cesar me acuerdo de ti en mis oraciones noche y día» (2 Timoteo 1.3). En su defensa ante Félix, dijo: «Y por esto procuro tener siempre una conciencia sin ofensa ante Dios y ante los hombres» (Hechos 24.16). Además, caracterizó el beneficio de la ley de Dios de esta forma: «Pues el propósito de este mandamiento es el amor nacido de corazón limpio, y de buena conciencia, y de fe no fingida» (1 Timoteo 1.5).

Una conciencia impura o suprimida hace que la verdadera integridad sea imposible. Hasta que una conciencia herida no sea limpiada y restaurada, la culpabilidad asaltará la mente. Reprimir la culpabilidad puede aliviar el dolor de la conciencia pero no la elimina. La culpabilidad y la falta de culpa son mutuamente excluyentes. En otras palabras, la persona que deshonra y que ignora su propia conciencia por definición no es íntegra. Una conciencia opaca, por lo tanto, debilita el requisito más básico de todo liderazgo.

Pablo les aseguró a los corintios que su propia conciencia estaba completamente limpia. Él no les había mentido ni engañado. No tuvo una doble cara. Él no podía presentar otra autoridad más que su propia conciencia para probarla, así que eso fue lo que hizo. No hablo de una forma *egoísta* (2 Corintios 1.12). Hizo mas bien una declaración directa y cándida que surgía de un corazón sincero. Esta «gloria» era prueba misma de lo que Pablo trataba de decir: siempre había sido directo con ellos. Sus palabras eran honestas, directas y sin evasiones, tal como Pablo era.

CONFIABILIDAD QUE SURGE
DE CONVICCIONES CLARAS

Después, Pablo les recordó la experiencia que tenían de él. Ellos sabían que no había nada que pudieran decir para acusarlo de que fuera vacilante o que no pudieran confiar en él. No sólo les escribía o les hablaba con palabras que eran claras y directas (2 Corintios 1.13) sino que las respaldaba con una vida que concordaba totalmente con lo que enseñaba.

En efecto, Pablo les dijo que la doctrina que enseñaba era la base de su constancia y su firmeza. De la misma manera en que Dios es fiel a todas sus promesas, Pablo mismo siempre se esforzaba por imitar esa firmeza siendo decisivo, distinto, definitivo y verdadero con su palabra. Pablo era el epítome de un hombre transparente.

De modo que de nuevo les dice, directamente y al grano: «Así que, al proponerme esto, ¿usé quizá de ligereza? ¿O lo que pienso hacer, lo pienso según la carne, para que haya en mí Sí y No?» (v. 17) ¿Les había dicho alguna vez sí cuando realmente quería decir no? En esa pregunta no había excusa. Ellos eran los que necesitaban decirle claramente. ¿Estaban acusándolo de hablar con doble sentido? Pablo de una manera característica, atacó las indirectas de los falsos maestros de manera directa y confrontó a los corintios demostrándoles lo absurdo de la acusación. Aquellos que lo conocían de manera personal sabían que él no era así. Siempre había predicado a Cristo sin equivocación (v. 19). Pablo mismo había sido constante, definido y decisivo tal como la sustancia de su mensaje. Así que nuevamente afirmó esa verdad en un lenguaje claro, utilizando juramento: «Mas, como Dios es fiel, nuestra palabra a vosotros no es Sí y No» (v. 18).

El apóstol estaba dispuesto a responder cualquier acusación de que era indeciso o de doble cara. Él sabía que tal debilidad, aun la sospecha de ello, podía seriamente minimizar la confianza de las personas en el líder. El liderazgo no se puede dar el lujo de una indecisión prolongada o de dudas extraídas. Este es otro aspecto de la larga lista de esenciales del liderazgo: *El líder debe ser definido y decisivo.*

Los buenos líderes deben poder tomar decisiones de una forma que sea clara, activa y concluyente. También deben poder comunicar los objetivos de una forma que sea articulada, simpática y distinta. Después de todo, un líder es alguien que dirige. Cualquiera puede hablar sin sentido. Cualquiera puede ser tímido y ambivalente. El líder, por el contrario, debe dar una dirección clara. La gente no le

> *Principio de liderazgo # 13:*
> **EL LÍDER ES DEFINIDO Y DECISIVO.**

seguirá si no tiene la seguridad de que es un líder veraz. En resumidas cuentas, Pablo siempre fue definido y decisivo en la manera de tratar a los corintios. Proclamaba un mensaje que era claro y directo. Servía a un Dios que era verdadero y fiel. Y siempre les enseñó que todas las promesas divinas eran en él Sí y Amén. Los corintios conocían esto muy bien. Con un poco de reflexión, se darían cuenta de que las acusaciones de los falsos maestros en contra de Pablo no tenían ningún fundamento.

TERNURA QUE SE EXPRESA MEDIANTE
UNA COMUNICACIÓN CLARA

No obstante, Pablo había cambiado de opinión y pospuso la visita que tenía planeada a Corinto. Así que les explicó la razón. Hizo el cambio por buenas razones, no porque no había sido sincero o falso cuando les dijo que iría, sino todo lo contrario. Su gran afecto por ellos, que no era falso, lo hizo no querer hacerlos sufrir con una visita que estaría dominada por el sufrimiento, la represión, el castigo, la controversia y otros aspectos negativos. Pablo no era tímido ni tenía temor de tal confrontación, pero esta vez escogió comunicar su disgusto con los corintios, a quienes amaba como su padre espiritual, por medio de la correspondencia escrita, utilizando palabras cuidadosas y bien medidas, para que la próxima visita a ellos fuera una ocasión de gozo. Eso fue lo que finalmente lo hizo cambiar sus planes.

Aquí vemos otro principio esencial del liderazgo, que me apuré a agregar luego del anterior: *El líder sabe cuándo cambiar de opinión.*

Estos dos principios van de la mano. Aunque los líderes deben ser definidos y decisivos, no deben ser rígidamente inflexibles. La mejor prueba de la sabiduría del líder no siempre es la primera decisión que toma. Todos tomamos malas decisiones de vez en cuando. Un buen líder no se mantendrá en una mala decisión.

Las circunstancias también cambian. Y un buen líder debe saber cuándo adaptarse a esas circunstancias.

En el caso de Pablo, su cambio de opinión fue forzado por el cambio de las circunstancias. La ironía de la falsa acusación en contra de él es que Pablo no era la clase de persona vacilante. Los corintios lo eran, al aceptar las críticas inmerecidas hacia él. De alguna forma, Pablo supo lo que los falsos maestros estaban diciendo de él. Eso le molestó y le disgustó al saber que los corintios, que le debían la salvación al ministerio fiel y claro al darles un evangelio directo y sin compromisos, fueron fácilmente movidos por mentiras tan exageradas. Se necesitaba corregir la

> *Principio de liderazgo # 14:*
> **EL LÍDER SABE CUÁNDO
> CAMBIAR DE OPINIÓN.**

situación. Las reprimendas y, hasta el castigo, eran necesarios. Pablo no quería que su próxima visita a Corinto se caracterizara por tal interacción negativa.

Por lo tanto, dijo: «*Por ser indulgente con vosotros* no he pasado todavía a Corinto» (2 Corintios 1.23, énfasis añadido).

Pablo no quería que esa interacción personal fuera dominada por el regaño y el conflicto, aunque si era necesario estaba dispuesto a enfrentarlos cara a cara. Él deseaba que esa reunión fuera en una atmósfera de gozo. Los respetaba y atesoraba la relación que tenía con ellos. Así que, en lugar de visitarlos inmediatamente «con una vara» (1 Corintios 4.21), decidió ver si podría corregirlos por medio de una carta.

Allí encontramos otro gran principio que todos los líderes necesitan tener en mente: *El líder no abusa de su autoridad.*

Pablo tenía una autoridad apostólica legítima sobre los corintios. Era una autoridad espiritual clara dada por Dios y confirmada mediante señales y maravillas innegables (2 Corintios 12.11-12). Pero utilizaba esa autoridad con un estilo pastoral, no autoritario. Pudo haberles escrito a los corintios lo mismo que le dijo a la iglesia de Tesalónica:

> Antes fuimos tiernos entre vosotros, *como la nodriza que cuida con ternura a sus propios hijos.* Tan grande es nuestro afecto por vosotros, que hubiéramos querido entregaros no sólo el evangelio de Dios, sino también nuestras propias vidas; porque habéis llegado a sernos muy queridos. Porque os acordáis, hermanos, de nuestro trabajo y fatiga; cómo trabajando de noche y de día, para no ser gravosos a ninguno de vosotros, os predicamos el evangelio de Dios. Vosotros sois testigos, y Dios también, de cuán santa, justa e irreprensiblemente nos comportamos con vosotros los creyentes; así como también sabéis de qué modo, *como el padre a sus hijos,* exhortábamos y consolábamos a cada uno de vosotros (1 Tesalonicenses 2.7-11, énfasis añadido).

No obstante *sí* les dijo a los corintios: «No escribo esto para avergonzaros, sino para amonestaros como a hijos míos amados. Porque aunque tengáis diez mil ayos en Cristo, no tendréis muchos padres; pues en Cristo Jesús yo os engendré por medio del evangelio» (1 Corintios 4.14-15).

Y en 2 Corintios 1, les escribió: «No que nos enseñoreemos de vuestra fe, sino que colaboramos para vuestro gozo; porque por la fe estáis firmes» (v. 24). Pablo no tenía ningún interés en enseñorearse de los corintios. Rehusó arriesgarse a perder esa relación por conflictos personales repetitivos. En las palabras de Agustín: «De la misma forma en que la severidad está lista para castigar las fallas que se puedan descubrir, igualmente la caridad no quiere descubrir las fallas que se deben castigar».[1]

Recuerde que Jesús dijo que el liderazgo en su reino es diferente al liderazgo mundano precisamente por esta razón. «Pero él les dijo: Los reyes de las naciones se enseñorean de ellas, y los que sobre ellas tienen autoridad son llamados bienhechores; mas no así vosotros, sino sea el mayor entre vosotros como el más joven, y el que dirige, como el que sirve» (Lucas 22.25-26). Pablo era el epítome de un líder con un corazón de siervo. Cumplía a la perfección lo que el apóstol Pedro decía que cada pastor debía ser: «Apacentad la grey de Dios que está entre vosotros, cuidando de ella, no por fuerza, sino voluntariamente; no por ganancia deshonesta, sino con ánimo pronto; no como teniendo señorío sobre los que están a vuestro cuidado, sino siendo ejemplos de la grey» (1 Pedro 5.2-3). Pablo mismo sabía que: «el siervo del Señor no debe ser contencioso, sino amable para con todos, apto para enseñar, sufrido; que con mansedumbre corrija a los que se oponen, por si quizá Dios les conceda que se arrepientan para conocer la verdad, y escapen del lazo del diablo, en que están cautivos a voluntad de él» (2 Timoteo 2.24-26).

Pablo les envió sus amonestaciones en una carta clara y bien expresada y lo hizo en lugar de ir a ellos en persona. Hasta que recibiera información de que habían respondido bien a la comunicación escrita, no haría una visita personal dolorosa.

> *Principio de liderazgo # 15:*
> **EL LÍDER NO ABUSA DE SU AUTORIDAD.**

Ese era un enfoque sabio. Demostraba los mejores rasgos del estilo de liderazgo de Pablo: lealtad, empatía, compasión, ternura, comunicación clara y una honestidad sin tapujos.

Es por eso que es especialmente irónico que sus enemigos se aprovecharan de ese incidente para acusarlo de que no era sincero.

Pablo estaba dolido. Su sufrimiento personal era real e intenso. Quizás el punto más bajo de la vida de Pablo fue cuando escribió esta epístola. Él mismo lo dijo en 2 Corintios 2.12-13 que cuando fue a Troas, encontró una puerta abierta para el evangelio, pero estaba tan preocupado en espíritu por los corintios que se fue de Troas y viajó a Macedonia, esperando encontrar a Tito y obtener un buen informe acerca de la iglesia de Corinto por medio de él.

De hecho, todo el libro de Segunda de Corintios está coloreado por la pasión que surgió de la decepción personal de Pablo por la respuesta de los corintios hacia él. Había sido severamente herido en la casa de sus amigos. Devastado por la propia gente a quienes se había dado. Casi al final de la epístola, escribió: «Y yo con el mayor placer gastaré lo mío, y aun yo mismo me gastaré del todo por amor de vuestras almas, *aunque amándoos más, sea amado menos*» (12.15). Estaba abrumado por el dolor y la depresión por la deslealtad que experimentó a manos de las personas a quienes amaba y por quienes dio su vida.

Este es el precio del liderazgo. El llamado es costoso, solitario y con frecuencia sin ningún agradecimiento. Jonathan Edwards ministró fielmente en North Hampton por veinticuatro años. Pastoreó a su rebaño durante la época del gran avivamiento (el cual fue iniciado fuertemente por los mensajes y la predicación del propio Edwards) y luego su iglesia lo despidió por mayoría de votos porque enseñaba que sólo aquellas personas que habían hecho una profesión creíble de fe en Cristo podrían participar de la Cena del Señor.

Al final de su vida, Charles Spurgeon, posiblemente el predicador bautista más eficaz que haya vivido, fue censurado por la Unión Bautista de Inglaterra por oponerse a la invasión del modernismo a esa organización.

Pero el líder, no obstante, debe mantenerse gentil, compasivo, empático y humilde. Si se vuelve rencoroso, represivo o rudo con su rebaño, perderá su eficacia como líder.

¿Quién puede hacer eso? ¿Quién tiene suficiente carácter para poder cumplir el parámetro que la Escritura establece para los líderes? En el siguiente capítulo, exploraremos como Pablo respondió a esa pregunta.

Capítulo siete

—

«PARA ESTAS COSAS, ¿QUIÉN ES SUFICIENTE?»

S i desea ver una prueba de lo importante que es el liderazgo, observe que Satanás con frecuencia envía sus ataques más feroces a los líderes clave. Entre todos los métodos malévolos que el maligno emplea, unas de sus armas favoritas son las medias verdades y las mentiras deliberadas que generan rebeldía e intentan socavar la confianza de la gente en los buenos líderes. En contra de los mejores líderes, Satanás invariablemente intentará utilizar a un Coré (el rebelde que organizó una revuelta en contra de Moisés) o a un Absalón (el hijo rebelde que dirigió un alzamiento contra el gobierno de David); es por eso que la Biblia dice que «como pecado de adivinación es la rebelión» (1 Samuel 15.23). Desafiar a un líder que es llamado por Dios y que es fiel a la verdad es peculiarmente un pecado satánico.

Por esa razón, es apropiado que Pablo dijera que los falsos maestros que habían confundido a la iglesia en Corinto eran mensajeros satánicos, «ministros» de Satanás (2 Corintios 11.13-15). Exactamente eso eran: instrumentos del diablo, agentes malignos en su campaña contra la causa de la verdad. Enfocaron deliberadamente su ofensiva principal en contra de Pablo y de su liderazgo. Era un asalto estratégico y bien localizado, porque si los poderes de la oscuridad podían anular la influencia de Pablo en

Corinto, esa iglesia ya atribulada quedaría completamente a merced de los falsos apóstoles.

Pablo no tenía ningún deseo de defenderse de manera personal, pero tampoco estaba dispuesto a abandonar a la iglesia de Corinto a merced de los lobos. Así que dedicó una gran cantidad de tiempo en Segunda de Corintios haciendo algo que consideraba desagradable: defender su propio carácter y sus credenciales.

La capacidad de Pablo como líder y apóstol se encontraba bajo ataque. Hemos visto cómo su *sensibilidad* era cuestionada. Los falsos maestros también intentaban provocar dudas acerca de su *capacidad de dirigir*. Atacaron su carácter, su influencia, su llamado y su humildad. Dijeron que no estaba calificado para dirigir. Que era inadecuado.

Pablo, de manera magistral, respondió a esa acusación tornándola contra sus críticos: «Para estas cosas, ¿quién es suficiente?» (2 Corintios 2.16)

En ese mismo contexto, Pablo comparó el ministerio del evangelio a una procesión triunfal. Cuando un general romano o el César ganaban una victoria militar clave y decisiva, un «triunfo» formal se daba en honor de él y se conmemoraba así la victoria. El triunfo era un desfile masivo de celebración, uno de los momentos más coloridos e importantes en la cultura romana. El líder victorioso era conducido por las calles con su ejército marchando detrás de él llevando los botines capturados y otras señales de victoria. Los sacerdotes acompañaban el desfile, pavoneando incensarios, que difundían un dulce aroma por toda la ciudad.

Cuando Tito Vespasiano saqueó Jerusalén en el año 70 después de Cristo, recibió un desfile triunfal. Figuras en bajorrelieve en el arco de Tito en Roma retratan ese evento. Tales celebraciones eran extremadamente raras, presentadas únicamente para las victorias más importantes. Eran situaciones de una en un millón.

Pero Pablo decía que el ministerio del evangelio es como un triunfo perpetuo. Se asemejó entonces al incensario por el cual Cristo «manifiesta en todo lugar el olor de su conocimiento» (2.14).

La mayoría de los triunfos romanos también tenían una procesión de cautivos encadenados. Estos eran guerreros enemigos que estaban condenados a morir al final de la procesión. Por supuesto, olerían el aroma del incienso fragante, pero para ellos significaba pérdida y muerte, no victoria ni vida.

Pablo dijo que el incienso del evangelio, «la fragancia de Cristo» (v. 15), es precisamente así. Tiene un significado doble muy parecido. Para los que creen (los que son salvos), un aroma de vida; pero «para los que se pierden» significa muerte y condenación (v. 15). Por eso, escribió: «A éstos ciertamente olor de muerte para muerte, y a aquellos olor de vida para vida» (v. 16).

Allí es donde formula la pregunta: «Y para estas cosas, ¿quién es suficiente?» ¿Quién es *adecuado* para participar en el desfile triunfal de Cristo y para que sea un instrumento por el cual el incienso del evangelio se difunda a todos? ¿Quién por sí mismo está calificado para recibir elogios del Todopoderoso por un servicio rendido a Él en favor de Cristo?

Pablo le dio vuelta al asunto y les hizo la misma pregunta a los falsos maestros, cuestionando si *ellos* eran adecuados. Les dijo que eran culpables de «medrar falsificando la palabra de Dios» (v. 17). Ellos eran los que no eran sinceros, los que hacían mercancía con el evangelio. Estaban dispuestos a torcer o moldear su mensaje con engaños para obtener más ganancias. Ellos lo harían aunque fuera a costa de las personas. Lo harían aunque tuvieran que desacreditar a un apóstol como Pablo. Eran maestros que entregarían cualquier mensaje con tal de hacer cosquillas a los oídos de las personas. Esos falsos maestros eran el equivalente del primer siglo a esas filosofías «de mercadeo» sobre el liderazgo de la iglesia y el ministerio.

Pablo respondió con una pregunta retórica en el versículo 16: «Y para estas cosas, ¿quién es suficiente?» En los primeros cinco versículos del capítulo 3, en esencia, él dijo que la única persona que podría ser adecuada para dirigir es aquella que Dios había llamado a ser líder. Los líderes que se hacen a sí mismos son expresamente incompetentes. Por el contrario, Pablo dice: «Nuestra competencia proviene de Dios» (3.5). Esa declaración es la clave de este breve pasaje y un resumen de toda la defensa de Pablo.

Pablo estaba siendo atacado desde varios ángulos: su carácter, su influencia, su llamado y su humildad. Los falsos apóstoles que se habían infiltrado en la iglesia de Corinto lo atacaron sin misericordia utilizando repetidamente esos objetivos. Observe la forma tan sabia con la que el apóstol responde.

SU CARÁCTER

Pablo se encontraba entre la espada y la pared al defenderse a sí mismo. Sabía que pese a lo que dijera a su favor, los falsos apóstoles intentarían usar eso como prueba de que él era una persona egocéntrica, orgullosa o vanagloriosa. Ellos intentarían torcer lo que dijera para que se volviera otra acusación contra él. No obstante *tenía* que defenderse, porque era el fundador y el líder que Dios había escogido, capacitado y señalado para la iglesia de Corinto. Si no lo escuchaban, no escucharían la verdad nunca. Él no quería abandonar a esas personas a quienes amaba dejándolas en manos de líderes malos, falsos y espiritualmente incompetentes.

La respuesta de Pablo a sus críticas realza otro principio fundamental del liderazgo: *El líder no abdica en medio de la oposición.*

El apóstol no tenía ningún interés en autopromocionarse; mucho menos en defenderse. Realmente detestaba hablar en defensa de su carácter. Más bien prefería que lo consideraran cual esclavo, como los que llevaban los remos en la parte inferior de los barcos. Despreciaba la idea de gloriarse a sí mismo y buscaba gloriar a Cristo. Pero *tenía* que responder a las acusaciones o aceptar que la iglesia quedara en manos de líderes falsos.

Sin importar lo molesto que era para Pablo defenderse, necesitaba oponerse a la amenaza de esos apóstoles falsos por amor a los corintios. Estos se encontraban en peligro de ser engañados por falsas acusaciones contra Pablo. Si se volvían contra él y abandonaban su liderazgo quedarían expuestos completamente a las herejías doctrinales de los falsos maestros.

Una verdad que todo líder al fin descubre es que las personas son muy cambiantes. Es sorprendente ver cómo aceptan mentiras de un líder que aman y respetan. Lo vemos muchas veces en la vida contemporánea. A veces parece que entre más íntegro un líder del gobierno intente ser, más críticas recibe de los medios de comunicación. Los periódicos de chismes existen para publicar mentiras deliberadas acerca de personas muy conocidas.

Hasta la prensa a veces cae en el error de desacreditar a líderes que son dignos de respeto. Las víctimas de tales mentiras saben lo frágil que es la verdadera lealtad. Es por eso que el corazón del hombre caído tiende

> *Principio de liderazgo # 16:*
> **EL LÍDER NO ABDICA EN MEDIO DE LA OPOSICIÓN.**

hacia la rebelión (Deuteronomio 31.27; Hechos 7.51).

Lo mismo sucedía en la época de Pablo. Los falsos maestros lo pusieron en una posición que parecía imposible. Si se defendía a sí mismo, eso haría que hubiera más acusaciones contra él, pero si ignoraba la amenaza, en efecto estaría abdicando su liderazgo. Por tanto, Pablo sabiamente respondió a sus acusadores de una forma que anticipaba todas sus objeciones:

> ¿Comenzamos otra vez a recomendarnos a nosotros mismos? ¿O tenemos necesidad, como algunos, de cartas de recomendación para vosotros, o de recomendación de vosotros? Nuestras cartas sois vosotros, escritas en nuestros corazones, conocidas y leídas por todos los hombres; siendo manifiesto que sois carta de Cristo expedida por nosotros, escrita no con tinta, sino con el Espíritu del Dios vivo; no en tablas de piedra, sino en tablas de carne del corazón. Y tal confianza tenemos mediante Cristo para con Dios; no que seamos competentes por nosotros mismos para pensar algo como de nosotros mismos, sino que nuestra competencia proviene de Dios (2 Corintios 3.1-5).

Siga ahora la línea de su argumento: comenzó con dos preguntas dirigidas a los corazones y a las conciencias de los corintios ¿necesitaba realmente comenzar de nuevo y probarse a sí mismo delante de ellos? ¿Necesitaba cartas de recomendación para establecer su credibilidad ante ellos? Ambas preguntas fueron escritas de tal forma que anticipaban una respuesta negativa.

La palabra «nosotros» (utilizada en toda la epístola) es un «nosotros» editorial. No se emplea de una manera pomposa, sino todo lo contrario. Pablo la utilizó como un sustituto humilde del pronombre de la primera persona singular. Él conocía la acusación que habían hecho de que era duro, orgulloso y egocéntrico. Así que en lugar de darles más muniiciones a sus acusadores, apeló a los mismos corintios. *¿Necesitaba* justificar su liderazgo con tal autopromoción?

Él diría cosas similares en 5.12 («No nos recomendamos, pues, otra vez a vosotros, sino os damos ocasión de gloriaros por nosotros, para que tengáis con qué responder a los que se glorían en las apariencias y no en el corazón») y en 10.18 («porque no es aprobado el que se alaba a sí mismo, sino aquel a quien Dios alaba»). Esta línea de argumento se mantiene en toda la epístola.

Claramente, Pablo no tenía plan para promocionarse a sí mismo. Eso no era lo que él estaba tratando de hacer. No estaba poniéndose como si fuera un líder perfecto. De hecho, en 1 Corintios 15.9-10 afirmó: «Porque yo soy el más pequeño de los apóstoles, que no soy digno de ser llamado apóstol, porque perseguí a la iglesia de Dios. Pero por la gracia de Dios soy lo que soy; y su gracia no ha sido en vano para conmigo, antes he trabajado más que todos ellos; pero no yo, sino la gracia de Dios conmigo». Y aquí en Segunda de Corintios su único objetivo era pedirles a los corintios que analizaran sus propios corazones y enfrentaran el desafío que habían hecho contra él los falsos maestros. ¿Necesitaban realmente pruebas del carácter de Pablo?

Los falsos maestros evidentemente insinuaron que el liderazgo de Pablo tenía un plan oculto, un lado oscuro, un motivo pecaminoso o una vida secreta que otros no conocían, ellos habían atacado su carácter y estaban intentando destruir su credibilidad. Por lo que él respondió en efecto: «¿Me quieren decir que ustedes no me conocen tan bien como para saber que eso es una mentira?»

La frustración del corazón de Pablo aparece en la pregunta que hace. Todo su trabajo, su enseñanza, su predicación, sus oraciones, su comunión con los corintios y su ministerio en medio de ellos, su amor por ellos, las lágrimas que había derramado por ellos ¿no significó *nada*? ¿Necesitaba volver a empezar y establecer su credibilidad con ellos otra vez?

Observe que ni siquiera apela en este punto al elemento milagroso de su ministerio, el cual clara y repetidamente se había demostrado en Corinto. Más adelante, en 2 Corintios 12.12, mencionó: «Con todo, las señales de apóstol han sido hechas entre vosotros en toda paciencia, por señales, prodigios y milagros». Sin embargo, *el* punto *inicial* de su defensa era una apelación al conocimiento que ellos tenían de su *carácter*.

Lo conocían. Lo conocían muy bien. Habían observado su vida. Habían visto su carácter piadoso de manera personal. Conocían cómo era él por dentro y por fuera. Defenderse a sí mismo acerca de eso sería superfluo.

Por tanto, Pablo les plantea la pregunta. Él no se vanaglorió de su propia virtud. No tenía necesidad de hacerlo.

SU INFLUENCIA

La segunda pregunta es penetrante: «¿O tenemos necesidad, como algunos, de cartas de recomendación para vosotros, o de recomendación de vosotros?» (2 Corintios 3.1)

Las cartas de recomendación son útiles cuando la persona que es presentada no es conocida. Tal como lo vimos en el capítulo 2, Nehemías necesitaba cartas de recomendación para ir a Jerusalén a reconstruir el muro (Nehemías 2.7).

Esas cartas eran esenciales para probar su legitimidad. Lo presentaron cuando él previamente era desconocido y mostraron que tenía el apoyo del rey para ese proyecto.

Pablo mismo durante su vida antes de ser cristiano, había buscado una vez cartas de recomendación con propósitos siniestros. Según Hechos 9.1-2, Saulo de Tarso fue al sumo sacerdote para pedir cartas de recomendación con las cuales probar en las sinagogas de Damasco que tenía la autoridad de llevarse a los cristianos como prisioneros a Jerusalén.

Pablo también *escribió* una recomendación para Febe, una diaconisa de la iglesia de Cencrea (Romanos 16.1). Su carta de recomendación es parte permanente del registro bíblico.

Cuando los corintios enviaron una ofrenda para ayudar a los santos en Jerusalén, Pablo dijo que esperaba una carta de recomendación de Corinto con el mensajero que llevaría el regalo a Jerusalén (1 Corintios 16.3).

Las cartas de recomendación son legítimas en su debido momento. Las solicitudes de trabajo actuales con frecuencia incluyen una solicitud de referencias escritas. Las iglesias solicitan tales cartas para las transferencias de membresía. Hasta el día de hoy, las cartas de recomendación son una parte común de la vida diaria.

Aparentemente, cuando los falsos maestros originalmente se mostraron en Corinto, tenían cartas de recomendación. Seguramente vinieron desde Jerusalén. Hechos 15.5 indica que los *judaizantes* de una secta de los fariseos (falsos maestros que querían que la circuncisión fuera un requisito para la salvación) se identificaban con la iglesia de Jerusalén. Estos hombres se llamaban creyentes, sin duda proclamaban ser cristianos pero introdujeron a la iglesia la misma clase de legalismo que Jesús condenó de los fariseos (Lucas 11.46; Hechos 15.10). Jerusalén era un semillero de esa clase de error y muchos que habían enseñado eso venían de Jerusalén a sembrar confusión en las iglesias gentiles por todo el imperio (Hechos 15.24).

Es muy probable que ese fuera el origen del problema en Corinto. Parece ser, sin embargo, que los falsos maestros fueron a Corinto con algunas credenciales muy impresionantes, incluyendo cartas de recomendación, posiblemente de oficiales de la iglesia de Jerusalén. Cuando llegaron a Corinto, sacaron esas cartas de referencia. Sin duda es eso a lo que Pablo se refiere en 2 Corintios 3.1: «¿Tenemos necesidad, *como algunos*, de cartas de recomendación?» (énfasis añadido)

Los falsos maestros llegaron a la iglesia de Corinto como intrusos, pero lograron entrar porque evidentemente tenían documentos impresionantes, dirigidos específicamente a la iglesia («para vosotros»). Llegaron con una agenda y la habían planeado bien.

Observe que Pablo también se refiere a «cartas de recomendación *de vosotros*» (v. 1, énfasis añadido). Quizás los falsos maestros obtuvieron referencias de la iglesia de Corinto para tener más credibilidad cuando llevaran su error a otras partes. Así era como trabajaban los herejes. Siempre eran itinerantes. No se podían quedar mucho tiempo en un solo lugar, porque sus vidas eran corruptas. No se habían regenerado verdaderamente. Tarde o temprano, el verdadero carácter de sus vidas se manifestaba.

Y por eso tenían que andar de un lado al otro. Pero se quedaron en Corinto lo suficiente como para confundir y destruir la iglesia y para conseguir cartas de recomendación de los corintios.

Pablo les preguntaba: «¿Soy igual que ellos? ¿Necesito referencias *para* ustedes o *de* ustedes?»

La idea era ridícula. La autenticidad de Pablo era evidente no sólo con su propia vida sino también por la influencia en las vidas de los corintios.

Pregunta él: *¿Necesitan una carta? Les daré una.* «Nuestras cartas sois vosotros, escritas en nuestros corazones, conocidas y leídas por todos los hombres; siendo manifiesto que sois carta de Cristo expedida por nosotros, escrita no con tinta, sino con el Espíritu del Dios vivo; no en tablas de piedra, sino en tablas de carne del corazón» (vv. 2-3).

La epístola de Pablo de recomendación era mejor que cualquier carta que los falsos maestros tuvieran. Pablo era un testimonio vivo. Sus credenciales de líder estaban escritas en las vidas de los corintios mismos. La influencia de su ministerio en sus vidas era prueba amplia de la legitimidad y la eficacia de su liderazgo.

En 1 Corintios 6. 9-10, Pablo escribió: «¿No sabéis que los injustos no heredarán el reino de Dios? No erréis; ni los fornicarios, ni los idólatras, ni los adúlteros, ni los afeminados, ni los que se echan con varones, ni los ladrones, ni los avaros, ni los borrachos, ni los maldicientes, ni los estafadores, heredarán el reino de Dios». Luego añadió: *«Y esto erais algunos; mas ya habéis sido lavados, ya habéis sido santificados, ya habéis sido justificados en el nombre del Señor Jesús, y por el Espíritu de nuestro Dios»* (v. 11, énfasis añadido).

Recuerde que la eficacia del liderazgo se mide en términos de influencia. Cuando usted ve que la influencia de alguien se refleja profundamente en las vidas de otras personas, identifica a alguien que por definición es un líder.

El único testimonio que Pablo necesitaba más allá de la virtud evidente de su propia vida era el hecho de que Dios usó su enseñanza y su liderazgo en una manera muy instrumental. Dios mismo se involucró en la cultura vil de los corintios y creó una iglesia para su gloria y su alabanza.

Los corintios mismos eran un testimonio elocuente de la influencia de Pablo. Eran la validación viviente de su liderazgo.

A propósito, esta carta no se llevaba en una bolsa. No se doblaba ni se guardaba en un bolsillo. Más bien estaba abierta para que todos la vieran. Podría ser leída por cualquiera, en cualquier momento y en cualquier idioma (2 Corintios 3.2).

Pablo también llevaba la carta con él, pero no en su equipaje. Los corintios estaban inscritos en su corazón (v. 2). Eran apreciados para él. «Estáis en nuestro corazón, para morir y para vivir juntamente» (7.3). Si los falsos maestros dudaron del afecto que Pablo tenía por ellos, Pablo lo aclaró con esa declaración explícita.

Los acusadores que buscaban un ruego egocéntrico de parte de Pablo no pudieron hallarlo. Cristo, no Pablo, escribió esa carta de recomendación en la vida de los corintios. Era escrita no con tinta, sino con el Espíritu del Dios vivo (2 Corintios 3.3). ¿Podrían los falsos maestros producir una carta de recomendación firmada por Cristo? Ciertamente no.

Cualquiera puede escribir una carta con tinta. Sólo Cristo puede escribir una carta como la que Pablo tenía. Los corintios mismos *eran* su carta, conservada en su corazón, compuesta por Cristo y escrita por el Espíritu Santo. ¿Qué prueba más clara de la autenticidad de la influencia podría encontrarse?

SU LLAMADO

Los falsos maestros hicieron lo posible por socavar la influencia de Pablo en Corinto. Habían puesto en duda su capacidad para dirigir y en algún grado lo lograron al hacer que los corintios cuestionaran su capacidad.

Pablo, a la vez que defendía vigorosamente su propia capacidad, deseaba explicar que esa confianza no era autoconfianza. Por eso en 2 Corintios 3.4 explicó la fuente de su certeza: «Tal confianza tenemos mediante Cristo para con Dios».

Pablo estaba seguro de su llamado. Por *eso* rehusaba abdicar a su liderazgo ante esos falsos maestros. Su llamado era una administración recibida por parte de Dios. Después de todo, «se requiere de los administradores, que cada uno sea hallado fiel». Y por eso, Pablo no tuvo otra opción sino responder al ataque sobre su autoridad.

Una vez más, Pablo no se estaba defendiendo por puro gusto. Él no deseaba la aprobación de los corintios por motivos egoístas. Y ciertamente no necesitaba convencerse a sí mismo. Dios fue quien lo llamó al liderazgo, y Pablo nunca vaciló acerca de su llamado. Este es otro principio vital en un liderazgo sabio: *El líder está seguro de su llamado.*

Aquellos que no están seguros de su vocación no pueden ser líderes eficaces. Nada es más debilitante para el liderazgo que la duda. Las personas que tienen dudas acerca de sus propios dones o su llamado nunca llegan a ser buenos líderes, porque no tienen certeza de si lo que hacen está correcto. Naturalmente se llenarán de indecisión, vacilación, timidez y debilidad para tomar decisiones. Y, como lo hemos visto, estas cosas son la antítesis a las cualidades esenciales de un buen liderazgo.

Pablo nunca dudó de su confianza en cuanto a que Dios lo llamó a ser

> *Principio de liderazgo # 17:*
> **EL LÍDER ESTÁ SEGURO DE SU LLAMADO.**

apóstol. Otros dudaban de él. Después de todo no era parte de los Doce. Y había llegado a la fe en Cristo un poco tarde. En efecto, era un perseguidor notorio de la iglesia (Hechos 9.13). Pablo mismo confesó que si sólo se consideraba su vida anterior, él no «sería digno de ser llamado un apóstol» (1 Corintios 15.9).

Pero el llamado divino de gracia a su vida, a pesar de su pasado, era claro (Hechos 9.15; 13.2). Los otros apóstoles lo confirmaron sin reservas (Gálatas 2.7-9). Por tanto, aunque se consideraba a sí mismo «menos que el más pequeño de todos los santos» (Efesios 3.8), también sabía que «en nada he sido inferior a aquellos grandes apóstoles» (2 Corintios 11.5; 12.11).

Eso no era arrogancia de su parte. Dios lo había llamado verdaderamente a ese oficio.

Tal confianza es una fortaleza grande y necesaria en el liderazgo, de tal forma que uno esté seguro de sus dones y que sea enfático acerca de su llamado, para que cuando venga una prueba nunca cuestione la obra en su vida. El liderazgo eficaz depende de la clase de resolución, valor, audacia y determinación.

Las personas con frecuencia me preguntan qué haría si no estuviera en el ministerio. Es una respuesta imposible de contestar porque no puedo concebir hacer otra cosa. Sé, más allá de toda duda, que soy llamado a predicar la Palabra de Dios.

Me han dicho que podría ser un buen abogado, porque me gustan los argumentos. Que puedo ser un buen entrenador porque me gusta motivar a las personas. Que podría tener una muy buena carrera en ventas porque sé cómo ser persuasivo. La verdad es que nunca he considerado ninguna de esas cosas. Para mí no hay otra alternativa. Dios me ha llamado a predicar y simplemente no me puedo imaginar hacer otra cosa. No escogí una carrera porque pensaba que era la mejor de varias opciones. Puedo comprender totalmente lo que Pablo quiso decir cuando escribió: «Me es impuesta necesidad; y ¡ay de mí si no anunciare el evangelio!» (1 Corintios 9.16) o en las palabras del salmista: «Creí; por tanto hablé» (Salmo 116.10).

Las personas que tienen posiciones de liderazgo seculares necesitan aceptar su llamado y consagrarse a las tareas que se les han dado. El Antiguo Testamento dice: «Todo lo que te viniere a la mano para hacer, hazlo según tus fuerzas» (Eclesiastés 9.10). El líder no puede tener éxito si considera que la tarea actual es un tropiezo. Uno no puede distraerse por el futuro y ser eficaz en el presente.

Aquel entrenador que le dice al equipo que busque al oponente más débil para ganar un juego crítico y luego ir en contra de un rival más fuerte, «No pienses más allá de este juego o perderás», hará que el equipo pierda.

Siempre he creído que si un líder se encarga de la tarea presente con todo su poder, el futuro le abrirá oportunidades más grandes. Vivir en la fantasía de las oportunidades futuras, sin embargo, nos debilita en el presente.

Pablo era una persona firme. No había opciones ni alternativas en su vida. Por eso nunca dudó de su llamado ni de sus dones.

Las personas en el liderazgo que comienzan a dudar de sí mismas siempre tendrán problemas, porque cada vez que las cosas se pongan difíciles, cuestionan la validez de lo que hacen. *¿Debería estar aquí? ¿Debería ir a otro lugar? ¿Debería salirme completamente?*

A menos que tenga una confianza absoluta de que fue llamado y dotado para lo que hace, cada prueba, cada dificultad, amenazará con desviarlo de su objetivo.

Nunca he conocido un líder eficaz que no sea competidor. Los verdaderos líderes desean ganar desesperadamente. O mas bien *esperan* ganar, para lograr su objetivo. La pasión por obtener el premio es lo que Pablo mismo describió en Filipenses 3.14 y observe que surgió de su *llamado*: «Prosigo a la meta, al premio del supremo llamamiento de Dios en Cristo Jesús».

Pablo sabía que «los dones y el llamado de Dios eran irrevocables» (Romanos 11.29). Él creía en los dones que Dios le había dado. Confiaba en el poder de Dios en su vida. Sabía, más allá de cualquier duda, que Dios lo había separado para el liderazgo, aun antes del nacimiento (Gálatas 1.15), así que tenía sus ojos firmes en el premio.

Pablo no era el único. Todos los apóstoles ministraron con esa misma clase de confianza. Hechos 4 describe cómo Pedro y Juan fueron llevados ante el Sanedrín (el cuerpo gobernante del judaísmo en Jerusalén) para dar cuentas de la sanidad de un cojo a la entrada del templo. Después que dieron su testimonio, el versículo 13 dice: «Entonces viendo el denuedo de Pedro y de Juan, y sabiendo que eran hombres sin letras y del vulgo, se maravillaban; y les reconocían que habían estado con Jesús». La extraordinaria confianza de los apóstoles no surgía de un entrenamiento formal. Brotaba del hecho de que Cristo los había escogido, los había capacitado y les había dado su Espíritu. Aun cuando enfrentaron la muerte, su confianza se mantuvo inmutable. Por lo tanto, cuando el Sanedrín les instruyó bajo pena de muerte que dejaran de hablar de Jesús, respondieron: «Porque no podemos dejar de decir lo que hemos visto y oído» (v. 20) y luego oraron: «Y ahora, Señor, mira sus amenazas, y concede a tus siervos que con todo denuedo hablen tu palabra» (v. 29).

Esa era la fortaleza de todos los líderes en la iglesia primitiva. Su confianza no yacía en las habilidades personales. No era *auto*confianza. Esta es arrogancia. Sino una convicción fuerte e inmutable de que fueron llamados.

Recuerde las palabras de Pablo: «Tal confianza tenemos mediante Cristo para con Dios» (2 Corintios 3.4).

Los falsos maestros vinieron con *auto*confianza. Decían que *ellos* eran idóneos. Pero no lo eran, medraban la Palabra de Dios (2 Corintios 2.17), eran corruptos, charlatanes y no eran sinceros.

¿Quién puede tener la tarea de influir en otras personas? ¿Quién es un líder auténtico, calificado y aceptable? ¿Es aquella persona cuyas credenciales están escritas en un pedazo de papel? ¿O es aquel que tiene una reputación de integridad, que tiene la carta de recomendación escrita en las vidas de las personas en las que ha influido y que tiene una confianza sincera de su propio llamado, sin importar la severidad de la oposición?

Hacer la pregunta es responderla.

SU HUMILDAD

Pablo después hace otra declaración que lleva el mismo argumento un paso más adelante y afirma explícitamente lo que presenta como autodefensa. Nuevamente, este es el tema y un breve resumen de su autodefensa: «No que seamos competentes por nosotros mismos para pensar algo como de nosotros mismos, sino que nuestra competencia proviene de Dios» (2 Corintios 3.5).

Aunque Pablo tenía confianza de su llamado y estaba seguro de su propio talento, también recordaba de dónde venían esos dones y sabía que no surgían de sí mismo. La fuente de su capacidad era Dios. Pablo ni siquiera se imaginaba por un momento que él era adecuado para el oficio apostólico por sí mismo. Al contrario, sabía que por sí mismo era incapaz. Sus acusadores en *ese* aspecto tenían razón.

Jesús dijo: «Separados de mí nada podéis hacer» (Juan 15.5). Y también es cierto que «todo lo puedo en Cristo que me fortalece» (Filipenses 4.13). Ambas cosas son igualmente importantes. Pablo decía: «He trabajado más que todos ellos», en 1 Corintios 15.10, «*pero* no yo, sino la gracia de Dios conmigo». «Pero por la gracia de Dios soy lo que soy» (v. 10).

De ninguna manera se imaginaba intrínsecamente apto para la tarea que Dios lo había llamado a hacer. Y ese conocimiento lo hacía dependiente de la gracia divina en cada aspecto de su liderazgo. Por lo tanto, eso ejemplifica otro principio básico de todo liderazgo sabio: *El líder conoce sus propias limitaciones.*

Aquellos a quienes el mundo considera líderes con frecuencia son arrogantes, creídos, egocéntricos y engreídos. Esas no son cualidades de un verdadero liderazgo; mas bien son obstáculos. El líder que olvida su propia debilidad inevitablemente fracasará.

Pablo, por el contrario, extrae su fuerza recordando su debilidad ya que esas cosas lo hacían más dependiente del poder de Dios. Así que escribió: «Por lo cual, por amor a Cristo me gozo en las debilidades, en afrentas, en necesidades, en persecuciones, en angustias; porque cuando soy débil, entonces soy fuerte» (2 Corintios 12.10). Cuando se quedaba sin sus recursos humanos era cuando el poder de Dios fluía por medio de él. Dios y sólo Dios era la única fuente verdadera de suficiencia de Pablo.

> *Principio de liderazgo # 18:*
> **EL LÍDER CONOCE SUS PROPIAS IMITACIONES.**

Las personas no son eficaces en el liderazgo simplemente porque sean comunicadores talentosos innatos, porque tengan mentes creativas, porque puedan persuadir a las personas ni por ningún otro talento natural. De hecho, si sus propias habilidades son todo lo que usted tiene para ser líder, sus propias limitaciones lo harán fracasar. Desde una perspectiva espiritual, la ingenuidad y la inteligencia humanas tienden a corromper más que a ayudar.

El apóstol Pablo tenía una gran inteligencia, pero no dependía de ella. Él tuvo un gran entrenamiento y lo utilizaba (mas bien, Dios lo utilizaba poderosamente). Pero no tenía ninguna confianza en el poder de la sabiduría humana cuando era utilizada para beneficios propios. Él les recordó a los corintios que la Palabra de Dios dice: «Destruiré la sabiduría de los sabios, y desecharé el entendimiento de los entendidos» (1 Corintios 1.19).

Por esa razón, la predicación de Pablo en Corinto había sido sencilla y directa:

> Así que, hermanos, cuando fui a vosotros para anunciaros el testimonio de Dios, no fui con excelencia de palabras o de sabiduría. Pues me propuse no saber entre vosotros cosa alguna sino a Jesucristo, y a éste crucificado. Y estuve entre vosotros con debilidad, y mucho temor y temblor; y ni mi palabra ni mi predicación fue con palabras persuasivas de humana sabiduría, sino con demostración del Espíritu y de poder, para que vuestra fe no esté fundada en la sabiduría de los hombres, sino en el poder de Dios (1 Corintios 2.1-5).

Pablo tenía la habilidad intelectual y retórica para competir con los grandes filósofos. Evidencia de ello podemos ver en Hechos 17, cuando ministró en Atenas junto a otros filósofos. Pero eso no era la base de su ministerio en Atenas o en Corinto. La médula de su mensaje siempre fue Cristo, proclamado con claridad y apertura, y confiaba totalmente en el poder del evangelio, no el suyo propio, para que penetrara los corazones e influyera en las personas. Es algo que muchos líderes de la iglesia en la actualidad deberían recordar.

La verdad no era algo que residía en Pablo. El poder del ministerio no yacía en sus habilidades. Sin la palabra de Dios él no tendría nada que decir. Sin el Espíritu de Dios en su vida no podía hacer nada que valiera la pena. Él lo sabía. Su declaración del apostolado no estaba atada al hecho de que fuera un orador inteligente, un pensador brillante, un escritor poderoso. Él era apóstol porque Dios lo había llamado y capacitado. Sin eso no hubiera sido capaz de hacer esas tareas, pese a sus habilidades naturales y a su entrenamiento formal.

Por esa razón, Pablo rehusaba defenderse a sí mismo vanagloriándose de su capacidad como teólogo o de su habilidad como orador. Durante su defensa, no hay una sola palabra acerca de sus talentos o de su capacitación. Su única suficiencia venía de Dios. Por lo tanto, Pablo se defiende con una alta humildad.

Aquí vemos un principio que debemos recordar: El líder competente no ansía impresionar a las personas con sus *credenciales*. Los líderes verdaderos están calificados por su *carácter*. Se identifican fácilmente, no por cartas de recomendación, sino por la influencia que ejercen en los demás.

Son personas que tienen confianza en su llamado y al mismo tiempo saben que dependen de Dios como la fuente de su verdadero poder.

Capítulo ocho

UN LÍDER HECHO
DE BARRO

Los falsos maestros en Corinto quizás pudieron haber sido conocidos personales del apóstol Pablo. Al menos habían observado su ministerio desde un punto de vista cercano. De alguna forma se familiarizaron con su personalidad, sus modales, su apariencia y su estilo de predicación.

¿Cómo sabemos eso? Porque su asalto incluía la clase más salvaje de ataque personal imaginable. Hablaban de defectos. Lo denigraron por sus imperfecciones físicas, sus debilidades humanas, su apariencia y su manera de hablar. En 2 Corintios 10.10, Pablo mismo citó algunas de las cosas difamatorias que los falsos maestros estaban diciendo de él: «La presencia corporal débil y la palabra menospreciable».

Físicamente, parece que el apóstol Pablo no era una persona imponente. Él mismo sabía que su apariencia no era impresionante. De hecho, algunos sugieren que quizás tenía alguna joroba o sus ojos serían tan deformados que le costaba ver.

Quizás eso sea una exageración con respecto a la descripción de Pablo de sí mismo, pero Gálatas 4.14-15 indica que sufría de una aflicción física que aparentemente tenía que ver con sus ojos. Él les agradeció a los gálatas por no evitarlo a causa de ese malestar físico: «No me despreciasteis ni desechasteis por la prueba que tenía en mi cuerpo, antes bien me recibisteis como a un ángel de Dios, como a Cristo Jesús... Porque os doy testimonio de que si hubieseis podido, os hubierais sacado vuestros propios ojos para dármelos». No sabemos si estaba describiendo una enfermedad temporal o una deformidad permanente. Pero Pablo indicó en el versículo 13 que esa aflicción era la razón providencial por la cual había predicado primero el evangelio en Galacia, y por esa razón pienso que era una enfermedad temporal por la cual fue a buscar algún tratamiento allí.

Lo que sí queda claro de los escritos de Pablo, sin embargo, es que con frecuencia sufría de adversidades y enfermedades relacionadas con su debilidad física. Pablo no era un ejemplo imponente de esplendor corporal o un parangón de estamina física.

Los falsos apóstoles en Corinto agregaron los defectos físicos de Pablo a la larga lista de cosas para decir que él no debía tener liderazgo. Pablo no era popular, decían ellos, porque le faltaba el carisma personal. Era muy feo. No tenía la estatura física, la fortaleza ni la personalidad necesarias para gobernar. Decían que esa era la razón por la cual escribió una carta a los corintios en vez de visitarlos personalmente.

Además lo impugnaron como predicador. Decían que su facultad para hablar era menospreciable (2 Corintios 10.10). Quizás era un comentario sobre el sonido y el tenor de su voz, su capacidad retórica y de oratoria, su estilo de presentación, el nivel académico de su contenido, o quizás todo en conjunto. Por supuesto, Pablo reconoció que el estilo de predicación que llevó a Corinto no tenía refinamientos artificiales ni sofisticaciones filosóficas (1 Corintios 2.1-2). Pero los falsos apóstoles lo presentaron como si fuera algo negativo. Estaban determinados a disminuir la estima de los corintios por su padre espiritual. Dijeron que la apariencia y el estilo de Pablo eran tan pobres que se había convertido en un detrimento para el mensaje del evangelio.

Probablemente era cierto que Pablo no intentara impresionar a nadie con su inteligencia, su intelecto o su apariencia. Sin importar cuáles mentiras los falsos apóstoles difundieran acerca de Pablo, tenían razón en esto: Nada acerca de su estilo o apariencia contribuiría a darle poder a su mensaje. Así que intentaron usarlo como una excusa para burlarse y dañarlo.

Eso fue un ataque horrible, impertinente, dañino, vergonzoso y deliberadamente personal en un hombre noble. A un nivel puramente privado,
él no hubiera dudado en ignorar y sufrir tal abuso por causa de Cristo
(1 Pedro 2.20-23). Pero una vez más, por amor a los corintios, no tuvo
otra opción que responder. Por causa de la verdad, necesitaba defender
su apostolado exponiendo y oponiéndose a los engaños de los falsos
maestros. De otra manera, los corintios habrían sido devorados por esas
falsas enseñanzas.

   ¿De qué manera Pablo hubiera manejado *ese* ataque sin que pareciera que estaba siendo narcisista? Ciertamente no podía decir que ellos
estaban equivocados en lo que respectaba a su apariencia. No podía es-
cribirles diciendo: «Bien, encontré a tres personas que piensan que soy
bonito». Sus enfermedades físicas no eran algo nuevo para él. De hecho,
nadie conocía mejor su debilidad que él mismo. Pero, francamente, estaba
siendo criticado por personas que eran mucho más pecadoras y débiles
que él. ¿Cómo podía defenderse de tan intenso ataque personal sin parecer
arrogante?

   Lo respondió exactamente de la misma forma que a las críticas de otros
falsos apóstoles: reconociendo honesta y humildemente su propia insu-
ficiencia inherente. El resumen de su respuesta se encuentra en 2 Corintios 12.9: «De buena gana me gloriaré mas bien en mis debilidades».

   Para Pablo, francamente, era una cuestión de asombro constante saber
que era llamado al liderazgo. Él le dijo a Timoteo: «Doy gracias al que me
fortaleció, a Cristo Jesús nuestro Señor, porque me tuvo por fiel, ponién-
dome en el ministerio, habiendo yo sido antes blasfemo, perseguidor e
injuriador» (1 Timoteo 1.12-13). Si la verdad fuera dicha, tenía que estar
de acuerdo con los reclamos de sus acusadores. En efecto, reconoció que
tenían razón acerca de eso. Todo lo que decían acerca de su debilidad
humana era cierto. Pablo no era atractivo. No era nada especial.

   Pero ante todo, les recordó a los corintios: «Porque no nos predicamos
a nosotros mismos, sino a Jesucristo como Señor, y a nosotros como
vuestros siervos por amor de Jesús» (2 Corintios 4.5).

En otras palabras, *Pablo* no era lo importante. Sólo era un esclavo y un mensajero cuyo papel era proclamar la majestad, la grandeza y la maravilla del mensaje del nuevo pacto «el conocimiento de la gloria de Dios en la faz de Jesucristo» (v. 6).

Pablo admitió libremente que en su caso, el mensaje estaba empacado en un contenedor humilde, frágil, imperfecto y común. Recuerda la imagen que Pablo empleó en 2 Corintios 2. Un incensario, un recipiente que llevaba el incienso del evangelio. Él era simplemente un instrumento por el cual Dios «manifiesta en todo lugar el olor de su conocimiento» (2.14).

Y sí que era un recipiente humilde. No era un incensario elaborado, hecho de metales preciosos y lleno de joyas finas, sino una vasija de barro común y corriente.

Es precisamente lo que dijo en 4.4: «Pero tenemos este tesoro en vasos de barro, para que la excelencia del poder sea de Dios, y no de nosotros». Un vaso de barro, un recipiente de terracota.

La imagen es extraída de un pasaje en el Antiguo Testamento en Jeremías 18, donde Dios es representado como un soberano alfarero, haciendo y rehaciendo a sus criaturas en vasijas que puedan ser usadas como Él quiere. Jeremías escribió:

> Descendí a casa del alfarero, y he aquí que él trabajaba sobre la rueda. Y la vasija de barro que él hacía se echó a perder en su mano; y volvió y la hizo otra vasija, según le pareció mejor hacerla. Entonces vino a mí palabra de Jehová, diciendo: ¿No podré yo hacer de vosotros como este alfarero, oh casa de Israel? dice Jehová. He aquí que como el barro en la mano del alfarero, así sois vosotros en mi mano, oh casa de Israel (18.3-6).

Pablo tomó prestada la misma imagen en Romanos 9.21: «¿O no tiene potestad el alfarero sobre el barro, para hacer de la misma masa un vaso para honra y otro para deshonra?» El barro representa la humanidad caída, sucia, desordenada y sin ninguna virtud inherente o excelencia por sí misma. Su utilidad se deriva del trabajo del alfarero, sin ninguna importancia en la calidad del barro.

Ni siquiera las vasijas de barro acabadas tienen alguna virtud o poder por sí mismas. Son simples instrumentos en las manos del alfarero, creadas por él de acuerdo a su propio placer. Isaías escribió: «¡Ay del que pleitea con su Hacedor! ¡el tiesto con los tiestos de la tierra! ¿Dirá el barro al que lo labra: ¿Qué haces?; o tu obra: ¿No tiene manos?» (Isaías 45.9)

Pablo no negó su condición de simple vasija de barro; al contrario, la admitió. No había razón para rechazarlo. Es más, su estado humilde como vasija de barro era una de sus credenciales del apostolado. Una vez más volvió los dardos hacia sus acusadores.

Los líderes lo más que pueden hacer es llegar a ser vasijas de barro. Algunos pueden verse mejor que otros. Pero un verdadero líder no se vanagloria de haber llegado a obtener su posición simplemente por sus talentos, sus atributos físicos, su capacidad de comunicación, ni ninguna otra cosa. Si Dios no usara vasijas de barro feas y ordinarias, no habría líderes espirituales del todo, porque no existe ninguna persona que no tenga alguna debilidad o culpabilidad humana.

Los mejores líderes en la Escritura fundamentalmente cometían errores. Abraham sucumbió ante sus temores y mintió vergonzosamente (Génesis 12.13; 20.2). Moisés reconoció abiertamente que era: «tardo en el habla y torpe de lengua» (Éxodo 4.10). También tuvo problemas repetitivos de mal temperamento (Éxodo 2.11-12; Números 20.11-12). David cometió adulterio y asesinato (2 Samuel 11). Elías sucumbió ante el temor y la depresión (1 Reyes 19.3-10). Isaías confesó que tenía una boca impura (Isaías 6.5). Jonás intentó huir de su comisión profética porque odiaba a las personas a quienes Dios lo había llamado a ministrar. (Jonás 4.1-3). La mayoría de los discípulos que Cristo señaló eran pescadores. La noche de la traición de Cristo todos lo abandonaron (Mateo 26.56).

Pedro, su líder y vocero, repetidamente se avergonzaba de sí mismo por decir y hacer cosas impetuosas. Una noche terrible negó verbalmente a Cristo, utilizando malas palabras y juramentos (Mateo 26.29-74).

Pedro mismo confesó que era un hombre pecador (Lucas 5.8). El apóstol Juan y su hermano, Santiago, pensaron en pedir fuego del cielo para destruir a la gente que Cristo había venido a salvar (Lucas 9.54-56).

Santiago y Juan (en una muestra de arrogancia pecaminosa) conspiraron con su madre para pedirle a Jesús que les diera tronos en el reino a ambos lados de Cristo (Mateo 20.20-24). Todos eran hombres de barro, imperfectos y frágiles.

Al igual que cualquier recipiente terrenal, Pablo también tenía imperfecciones. Él las describió gráficamente como su propia lucha con el pecado, especialmente el deseo maligno (Romanos 7. 8-23). Se refirió a sí mismo como «miserable» (v. 24).

Pero las debilidades por las cuales era atacado en Corinto no eran tendencias pecaminosas. Eran limitaciones humanas normales, fragilidades físicas, supuestos defectos en su estilo de liderazgo, supuestos defectos en la forma en que se comunicaba, etc. Pablo no tenía necesidad de negar tales acusaciones. Más bien habló de sus propias debilidades y les demostró que eran mas bien credenciales para su legitimidad como líder.

Observe que él no vio necesidad de defender su apostolado citando sus logros anteriores, defendiendo sus talentos naturales ni promoviéndose ante los ojos de los corintios. Más bien, les explicó cómo esas cualidades lo hacían una simple vasija de barro y también lo capacitaban para dirigir.

LAS VASIJAS DE BARRO SON HUMILDES

Hay una paradoja deliberada en 2 Corintios 4.7: «tesoro en vasos de barro». Un tesoro normalmente se guarda en contenedores más elaborados que una vasija de barro. Las joyas se colocan en oro. Este, con frecuencia, se muestra en recipientes de alabastro o marfil, decorados con una obra manual fina. Muy pocos pensarían que una vasija de terracota simple sea un contenedor aceptable para algo inherentemente invaluable. Es demasiado modesto, demasiado ordinario, demasiado humilde.

«Pero», escribió Pablo, «tenemos este tesoro en vasos de barro». El «tesoro» de que hablaba era la promesa de un nuevo pacto (2 Corintios 3.7-18), el mensaje del evangelio (4.3), «el conocimiento de la gloria de Dios en la faz de Jesucristo» (4.6).

¿Por qué es que este precioso tesoro estaba contenido en vasijas de barro? «Para que la excelencia del poder sea de Dios, y no de nosotros» (v. 7). Entre más débil es la vasija, más evidente es el poder de Dios.

Pablo no se iba a involucrar en un debate con los falsos apóstoles acerca de cuál habilidad oratoria o apariencia era superior. Pablo dijo en 10.12: «Porque no nos atrevemos a contarnos ni a compararnos con algunos que se alaban a sí mismos; pero ellos, midiéndose a sí mismos por sí mismos, y comparándose consigo mismos, no son juiciosos». No tenía el más mínimo interés en pesarse junto a hombres que se medían a sí mismos bajo parámetros superficiales. Pablo dijo, parafraseando Jeremías 9.23: «Mas el que se gloría, gloríese en el Señor; porque no es aprobado el que se alaba a sí mismo, sino aquel a quien Dios alaba» (2 Corintios 10.17-18).

El Señor *había* elogiado a Pablo, sin importar cómo se veía o hablaba. Pablo estaba muy contento de ser una vasija de barro al servicio del Señor. Él no estaba buscando la aprobación de los hombres sino la del Juez eterno.

Considere nuevamente la naturaleza de una vasija de barro. Es, simplemente, barro horneado. Un sucio barro horneado. Dios sabe que eso es lo que somos, aunque a veces tendemos a olvidarlo. «Porque Él conoce nuestra condición; se acuerda de que somos polvo» (Salmo 103.14). Él le dijo a Adán: «Polvo eres, y al polvo volverás» (Génesis 3.19).

Pablo dijo, en efecto: «Eso es lo que soy: barro seco».

Las vasijas de barro eran usuales en los días de Pablo. Se utilizaban para muchas cosas. Todos los recipientes de las casas eran hechos de barro, vasos, tinas y contenedores de basura. El barro cocido era barato, se podía romper, reemplazar y no tenía atractivo.

En 2 Timoteo 2.20 Pablo escribió: «Pero en una casa grande, no solamente hay utensilios de oro y de plata, sino también de madera y de barro; y unos son para usos honrosos, y otros para usos viles». Recipientes honrosos incluían los utensilios de la mesa, jarrones decorativos, copas, ollas de agua, jarras. Y otros utensilios que se reservaban para las comidas y para las ocasiones formales. Los recipientes viles incluían las vasijas de las recámaras, los receptáculos de basura y otros artículos para usos impuros.

La mayoría de los recipientes viles eran hechos de barro. Ninguno de ellos tenía valor intrínseco.

De vez en cuando, las vasijas de barro se usaban como recipientes sencillos y baratos, especialmente cuando un tesoro iba a ser escondido. La joyería, el oro, la plata, las escrituras de la casa, documentos valiosos u otros artículos atesorados podrían ser sellados en una vasija de barro y enterrados en la tierra para mantenerlos a salvo y escondidos.

Es de esa forma que el hombre que estaba arando en el campo de la famosa parábola de Mateo 13.44 debió haber descubierto el tesoro escondido. Su arado seguramente rompió el contenedor de barro y así pudo desenterrar el tesoro. De hecho así fue como se descubrieron los rollos del Mar Muerto en las cuevas de Qumrán. Un niño pastor, que trabajaba en esas colinas, lanzó una piedra en la cueva y oyó cómo se rompía una vasija de barro. Dentro de ella había manuscritos valiosos.

Pero Pablo estaba escribiendo un tesoro que debía ser sacado a la luz, no escondido. Su énfasis era la importancia trivial del contenedor, comparada con el valor de lo que traía. Él admitía que sus críticos podrían denigrar su apariencia, su manera de hablar o señalar cualquier otra debilidad. Él no iba a defenderse de esas cosas. ¿Qué esperaban de una cubeta de basura? Pablo se llamó a sí mismo el primero de los pecadores (1 Timoteo 1.15). Para él, sus propios méritos eran indignos. Los consideraba excremento, la clase más baja de impureza (Filipenses 3.8). Si no fuera por el tesoro invaluable que Dios confió en él, él no tendría ningún valor.

Esa es la humildad verdadera, y una de las claves de la eficacia de Pablo como líder. Desde que se convirtió en el camino a Damasco, dejó de considerarse especial. Tal como lo vimos en el capítulo anterior, se consideraba «el menor de los apóstoles» (1 Corintios 15.9), «menos que el más pequeño de todos los santos» (Efesios 3.8); «blasfemo, perseguidor e injuriador» (1 Timoteo 1.13); un «miserable» (Romanos 7.24).

Pero Dios se deleita en escoger a las personas de baja categoría, simples, comunes, despreciadas e innobles, que la sociedad llama buenos para nada.

Los propios corintios sabían eso muy bien. Algunos habían sido fornicarios, idólatras, ladrones, borrachos y aun peores (1 Corintios 6.9-11).

Pablo podía decirles que eran la prueba de que Dios llama a las personas simples. De hecho, Pablo ya lo había hecho:

> Pues mirad, hermanos, vuestra vocación, que no sois muchos sabios según la carne, ni muchos poderosos, ni muchos nobles; sino que lo necio del mundo escogió Dios, para avergonzar a los sabios; y lo débil del mundo escogió Dios, para avergonzar a lo fuerte; y lo vil del mundo y lo menospreciado escogió Dios, y lo que no es, para deshacer lo que es, a fin de que nadie se jacte en su presencia (1 Corintios 1.26-29).

Al usar vasijas de barro comunes y corrientes, Dios muestra su gloria en todo su esplendor. Los corintios sabían que eso era cierto.

De vez en cuando escucho cristianos decir: «¿No sería maravilloso si aquella persona famosa o aquella belleza o algún gran genio en el mundo académico se convirtiera a Cristo? ¿No serían maravillosos voceros de Cristo? ¡Qué gran impacto tendrían!» Dios, de vez en cuando, utiliza personas así; pero tal como Pablo lo dice: «No muchos». Generalmente Dios ignora la estrategia y emplea simples vasijas de barro para que todo el mundo vea que es el poder de Dios y no nosotros. Hasta las personas notables y talentosas de este mundo deben aprender a convertirse en vasijas de barro para poder ser usadas por Dios en su máxima expresión.

Durante el tiempo de Cristo, el mundo estaba lleno de personas intelectuales e influyentes. Algunos eran filósofos reconocidos en Atenas, expertos en Alejandría, líderes políticos que el mundo alguna vez haya conocido en Roma, y algunos de los rabinos más meticulosos de todos los tiempos dentro y fuera de Jerusalén. Cristo les pasó de largo y llamó a unos pescadores sin educación, desconocidos y simples de Galilea para que fueran sus discípulos.

Por eso Pablo dijo: «¿Saben? Tienen razón. *Por mí mismo* no soy bueno para otra cosa más que para sacar la basura». En palabras de Romanos 7.18: «Y yo sé que en mí, esto es, en mi carne, no mora el bien; porque el querer el bien está en mí, pero no el hacerlo». Pero *por la gracia de Dios* él era una vasija fea que contenía un tesoro inmenso. El propio poder de Dios fue manifiesto en Pablo porque no se entrometía. Por eso dijo: «Por tanto, de buena gana me gloriaré mas bien en mis debilidades, para que repose sobre mí el poder de Cristo. Por lo cual, por amor a Cristo me gozo en las debilidades, en afrentas, en necesidades, en persecuciones, en angustias; porque cuando soy débil, entonces soy fuerte» (2 Corintios 12.9-10).

Dios continúa ignorando a la élite. Él ignora a los intelectuales arrogantes de las universidades y los seminarios y busca vasijas de barro que lleven el tesoro de la verdad salvadora con humildad. Usando personas frágiles y comunes, Dios enfatiza que el poder es de Él, no de nosotros. El hecho de que Dios pueda hacer líderes espirituales de tales vasijas de barro es prueba de su grandeza y de su poder. El poder espiritual no es producto de un genio o una técnica humanos. El poder viene de Dios.

Y lo maravilloso es que nuestra debilidad no afecta la causa de la verdad. Más bien es una ventaja, porque nos hace a un lado para dejar que el poder de Dios haga su trabajo. La realidad estimulante de este llamado como líderes espirituales es esta: conocer nuestras debilidades no es una desventaja; es esencial para lo que hacemos como líderes. Y por lo tanto, junto a Pablo, podemos regocijarnos en esa debilidad.

Es importante recordar que no estamos hablando de pecado; estamos hablando de nuestras propias limitaciones normales humanas. Debido a la debilidad de nuestra carne, *pecamos* (1 Juan 1.8), pero el pecado en sí mismo no se debe tolerar ni glorificar. El pecado, especialmente aquel deliberado sin deseo de arrepentirse, es un detrimento serio para el liderazgo. Tal como veremos en el capítulo 10, el pecado puede descalificar de manera permanente a una persona de liderazgo espiritual.

La humildad que surge de saber cuáles son nuestras fragilidades humanas, nos debe motivar a odiar el pecado y a ser constantes y a arrepentirnos continuamente.

Ese era el espíritu del apóstol Pablo, tal como lo vemos en Romanos 7.

Todo verdadero líder espiritual cultiva un odio santo por el pecado y un corazón humilde y arrepentido respecto al pecado de su vida. Esa es una parte esencial de la vida de cada humilde vasija de barro.

LAS VASIJAS DE BARRO SON FUERTES

Aunque las vasijas de barro son baratas, ordinarias y desechables también son sorprendentemente duraderas. Pueden aguantar una enorme cantidad de tensión y maltrato. Aun astilladas todavía pueden ser útiles. Uno las puede restregar todo lo que quiera y no se desgastan. El calor prolongado de un horno no las daña. Por supuesto, *pueden* romperse, pero además de eso no hay muchas cosas que puedan arruinar a una vasija de barro.

El liderazgo de Pablo tenía esas mismas características. Él describió su vida de constantes pruebas en 2 Corintios 4. 8-9: «Que estamos atribulados en todo, mas no angustiados; en apuros, mas no desesperados; perseguidos, mas no desamparados; derribados, pero no destruidos».

Sí, él era una vasija de barro, de alguna forma frágil, rompible, reemplazable, sin valor. Pero no lo subestime tampoco. Él era una vasija de barro fuerte, no una porcelana frágil. Esta cualidad es absolutamente esencial para cualquiera en el liderazgo: *El líder es resistente.*

Eso es un verdadero compañero de la virtud de la humildad. El líder, aunque conoce sus propias debilidades, debe ser fuerte y robusto.

Los líderes siempre tienen pruebas. Después de todo, el liderazgo tiene que ver con las personas y estas causan problemas. Algunas de ellas son los problemas. El líder, aunque sepa de su propia fragilidad, debe encontrar fuerzas para aguantar cualquier tipo de prueba incluyendo la presión, la perplejidad, la persecución y el dolor. Observe que Pablo habla de las pruebas en una serie de cuatro contrastes vívidos (atribulados, no angustiados; en apuros, no desesperados; perseguidos, no desamparados; derribados, no destruidos).

Para aquellos que acusaban que las debilidades de Pablo invalidaban su ministerio, les respondió que había sido lo suficientemente fuerte para aguantar cada una de las terribles experiencias que enfrentó. Lo que no lo podía matar lo hacía más fuerte. Pablo (igual que una vasija de barro) era humilde, pero duradero. Estaba muy consciente de todas sus debilidades. Pero al mismo tiempo, era fuerte en esas debilidades (2 Corintios 12.10).

No hay nada más cercano a Cristo que esa clase de fuerza en la debilidad: «Porque aunque fue crucificado en debilidad, vive por el poder de

Dios. Pues también nosotros somos débiles en él, pero viviremos con él por el poder de Dios para con vosotros» (2 Corintios 13.4). Una vez más vemos que la fortaleza detrás de nuestra resistencia es el poder *de Dios*. Aquel líder que es llamado, capacitado por Dios y depende totalmente de Dios para obtener su fuerza tiene recursos infinitos. ¿*Resistente?* Ese líder es prácticamente *invencible*.

Pablo no era de la clase de alfarería decorativa que se pone en un estante en algún lugar. Era una vasija creada sin misericordia. Había sido maltratado por personas que estarían felices de verlo romperse en miles de pedazos. Las circunstancias de su vida y su ministerio pasajero le añadieron también muchos obstáculos además de la tensión de tratar con las personas.

Pablo escribió: «Porque de la manera que abundan en nosotros las aflicciones de Cristo», en 2 Corintios 1.5; «pues fuimos abrumados sobremanera más allá de nuestras fuerzas, de tal modo que aun perdimos la esperanza de conservar la vida. Pero tuvimos en nosotros mismos sentencia de muerte» (vv. 8-9). «Antes bien, nos recomendamos en todo como ministros de Dios, en mucha paciencia, en tribulaciones, en necesidades, en angustias; en azotes, en cárceles, en tumultos, en trabajos, en desvelos, en ayunos» (6.4-5).

Esto no era nada nuevo para él. En su epístola anterior a la iglesia de Corinto, escribió: «Hasta esta hora padecemos hambre, tenemos sed, estamos desnudos, somos abofeteados, y no tenemos morada fija. Nos fatigamos trabajando con nuestras propias manos; nos maldicen, y bendecimos; padecemos persecución, y la soportamos. Nos difaman, y rogamos; hemos venido a ser hasta ahora como la escoria del mundo, el desecho de todos» (1 Corintios 4.11-13).

> *Principio de liderazgo # 19:*
> **EL LÍDER ES RESISTENTE.**

Esa era la vida de Pablo. Las pruebas eran profundas y parecían interminables:

De los judíos cinco veces he recibido cuarenta azotes menos uno. Tres veces he sido azotado con varas; una vez apedreado; tres veces he padecido naufragio; una noche y un día he estado como náufrago en alta mar; en caminos muchas veces; en peligros de ríos, peligros de ladrones, peligros de los de mi nación, peligros de los gentiles, peligros en la ciudad, peligros en el desierto, peligros en el mar, peligros entre falsos hermanos; en trabajo y fatiga, en muchos desvelos, en hambre y sed, en muchos ayunos, en frío y en desnudez (2 Corintios 11.24-27).

Y añadió: «además de otras cosas, lo que sobre mí se agolpa cada día, la preocupación por todas las iglesias» (v. 28).

Lo único que Pablo conocía en su vida eran tribulaciones. Pero aunque se veía constantemente asaltado, desechado, presionado, echado en las llamas y abusado, nada lo podía destruir. Tenía esa clase de resistencia invencible, porque el poder de Dios estaba trabajando en él.

Sus acusadores, por lo tanto, quedaron enfrentándose al impacto innegable de su vida. Era una refutación poderosa. ¿Cómo podía alguien explicar la influencia del ministerio y la vida de Pablo? ¿Cómo podían explicar el celo, la persistencia, la durabilidad y la fe inmutable del apóstol? Si Pablo mismo era débil y común (como los mismos falsos apóstoles gustosamente señalaban), si era sólo una vasija del barro humilde, entonces la única explicación posible de una vida tan notablemente especial era el poder de Dios. Esa era una prueba innegable de que Pablo era un verdadero siervo de Dios y de que sus acusadores eran falsos apóstoles.

LAS VASIJAS DE BARRO SON PRESCINDIBLES

Ya que cuesta muy poco producirlas y no tienen valor intrínseco, las vasijas de barro son virtualmente desechables. Como líder tipo vasija de barro, a Pablo no le importaba entregarse totalmente. No le tenía temor a la muerte, a las calumnias, a la persecución o al sufrimiento. Así que escribió: «Llevando en el cuerpo siempre por todas partes la muerte de Jesús, para que también la vida de Jesús se manifieste en nuestros cuerpos. Porque nosotros que vivimos, siempre estamos entregados a muerte por causa de Jesús, para que también la vida de Jesús se manifieste en nuestra carne mortal. De manera que la muerte actúa en nosotros, y en vosotros la vida» (2 Corintios 4.10-12).

Los versículos 8 y 9 fueron una corta lista de los sufrimientos que padeció. Los versículos 10 al 12 explican el significado de ese sufrimiento. La carne mortal de Pablo, esa vasija de barro, era una especie de plato sopero en el cual los sufrimientos de Cristo continuamente eran derramados. Por eso Pablo elevaba el sufrimiento a un nivel espiritual y noble. No era Pablo a quien los enemigos de la verdad querían asesinar; era al Señor Jesucristo. El mismo odio malévolo que puso a Cristo en la cruz continúa en el mundo, pero ahora va tras sus siervos fieles. Pablo sufría el abuso diariamente, «siempre estamos entregados a muerte *por causa de Jesús*» (v. 10, énfasis añadido).

Observe la palabra *siempre*. No había descanso de ese sufrimiento. Era una especie de muerte diaria y perpetua. En 1 Corintios 15.31 dijo: «Cada día muero». En Romanos 8.36 extrajo la misma verdad del Salmo 44.22: «Pero por causa de ti nos matan cada día; somos contados como ovejas para el matadero». En Gálatas 6.17 afirmó: «Yo traigo en mi cuerpo las marcas del Señor Jesús».

Tal sufrimiento es inevitable para cualquier líder que es fiel a Cristo. Jesús dio un largo discurso sobre el tema en Mateo 10: «He aquí, yo os envío como a ovejas en medio de lobos» (v. 16). Él les recordó: «El discípulo no es más que su maestro, ni el siervo más que su señor. Bástale al discípulo ser como su maestro, y al siervo como su señor. Si al padre de familia llamaron Beelzebú, ¿cuánto más a los de su casa? *Así que, no los temáis*» (vv. 24-26, énfasis añadido). Siguió añadiendo: «No temáis a los que matan el cuerpo, mas el alma no pueden matar; temed mas bien a aquel que puede destruir el alma y el cuerpo en el infierno» (v. 28). En Juan 15.18-21, el Señor les dijo a los discípulos:

> Si el mundo os aborrece, sabed que a mí me ha aborrecido antes que a vosotros. Si fuerais del mundo, el mundo amaría lo suyo; pero porque no sois del mundo, antes yo os elegí del mundo, por eso el mundo os aborrece. Acordaos de la palabra que yo os he dicho:

El siervo no es mayor que su señor. Si a mí me han perseguido, también a vosotros os perseguirán; si han guardado mi palabra, también guardarán la vuestra. Mas todo esto os harán por causa de mi nombre, porque no conocen al que me ha enviado.

Pablo le dijo a Timoteo: «Y también todos los que quieren vivir piadosamente en Cristo Jesús padecerán persecución» (2 Timoteo 3.12).

Walter Chalmer Smith, poeta, escritor de himnos y ministro de la Iglesia Libre de Escocia durante el siglo 19 (autor del famoso himno «Inmortal, invisible, único y sabio Dios») escribió los siguientes renglones:

> Durante toda la vida veo una cruz
> donde los hijos de Dios entregan su espíritu;
> no hay ganancia sólo pérdida
> no hay vida sino muerte
> no hay una visión completa sólo la fe
> no hay gloria sino llevar la vergüenza
> no hay justicia sino aceptar la culpa
> y la Pasión eterna dice:
> Vacíate de gloria, de derecho y de nombre.

Ese es el manifiesto de los líderes cristianos. Cristo nos llama a todos a esa clase de sacrificio que es caracterizada (tal como lo presenta Pablo) como una muerte perpetua.

Pablo mencionó la muerte alrededor de 45 veces en el Nuevo Testamento. Generalmente, usaba un sustantivo griego *thanatos*, que expresa la muerte como un hecho.

Aquí en 2 Corintios 4.10, sin embargo, Pablo utiliza el participio *nekrosis* (estar muriendo) que expresa el proceso de la mortalidad humana. Pablo veía su propia vida como un proceso en que uno se va muriendo. Pablo no estaba siendo mórbido; simplemente estaba reconociendo la verdadera naturaleza de su existencia terrenal. Es una perspectiva esperanzadora no pesimista al decir: «Para mí el vivir es Cristo y el morir es ganancia» (Filipenses 1.21).

Pablo, siendo una simple vasija de barro, sabía que era prescindible y estaba dispuesto a ser sacrificado. En Colosenses 1.24, escribió: «Ahora me gozo en lo que padezco por vosotros, y cumplo en mi carne lo que falta de las aflicciones de Cristo por su cuerpo, que es la iglesia». No estaba sugiriendo que los sufrimientos de Cristo no eran suficientes para pagar la redención completa, o que sus propias aflicciones añadían algo a la obra terminada de la expiación de Cristo. Él no pensaba que había algún mérito salvador en su dolor. Pero tal como lo había dicho en Segunda de Corintios 1.5-6, sus sufrimientos tenían un beneficio temporal profundo, hasta para los corintios: «Porque de la manera que abundan en nosotros las aflicciones de Cristo, así abunda también por el mismo Cristo nuestra consolación. Pero si somos atribulados, es para vuestra consolación y salvación; o si somos consolados, es para vuestra consolación y salvación, la cual se opera en el sufrir las mismas aflicciones que nosotros también padecemos».

En otras palabras, su sacrificio principalmente sería para su beneficio: «De manera que la muerte actúa en nosotros, y en vosotros la vida» (4.12). «Porque todas estas cosas padecemos por amor a vosotros, para que abundando la gracia por medio de muchos, la acción de gracias sobreabunde para gloria de Dios» (v. 15). «Por tanto, todo lo soporto por amor de los escogidos, para que ellos también obtengan la salvación que es en Cristo Jesús con gloria eterna. Palabra fiel es esta: Si somos muertos con él, también viviremos con él; si sufrimos, también reinaremos con él» (2 Timoteo 2.10-12). No era un amor masoquista al dolor lo que motivaba a Pablo, sino el amor por los corintios.

Sin embargo, en lo que concierne a Pablo, esas pruebas eran bienvenidas. Él expresó su principal deseo en Filipenses 3.10: «A fin de conocerle, y el poder de su resurrección, y la participación de sus padecimientos, llegando a ser semejante a él en su muerte».

Recuerde que los sufrimientos terrenales de Jesús no estaban limitados a los dolores de la cruz. También él era atacado sin piedad por sus enemigos. Vivió enfrentando la muerte hasta que murió en la cruz.

Ninguno de nosotros sufrirá ni una fracción de lo que Él sufrió. Muy pocos son llamados a sufrir un pequeño porcentaje de lo que Pablo enfrentó. Pero todo líder que es fiel a Cristo tendrá que participar de *algún* sufrimiento. Un verdadero líder debe estar dispuesto a «sufrir penalidades como buen soldado de Jesucristo» (2 Timoteo 2.3). Es un privilegio sufrir tales cosas por la causa de Cristo (Romanos 8.17-18). «Porque esta leve tribulación momentánea produce en nosotros un cada vez más excelente y eterno peso de gloria» (2 Corintios 4.17).

Cuando aprendemos a aceptar las pruebas, la angustia y la aflicción, como amigos (Santiago 1.2-4; Romanos 5.3-5) y recuerdos de nuestra propia debilidad (2 Corintios 12.7-10), nos volvemos más dependientes del poder de Dios y por lo tanto somos líderes más efectivos y mejores testigos de Él. Su vida se desata en nuestra muerte: «Estoy crucificado con Cristo» escribió Pablo en Gálatas 2.20. «Y ya no vivo yo, mas vive Cristo en mí; y lo que ahora vivo en la carne, lo vivo en la fe del Hijo de Dios».

El testimonio de esa vida es poderoso, más que cualquier cosa. Para Pablo la vida de Jesús se manifestaba en su propia carne mortal (2 Corintios 4.11). Aquí vemos a este hombre perseguido, maltratado, golpeado y dañado que no era nada más que una simple vasija terrenal. Pero en su simpleza, la vida de Cristo se manifestaba. ¿De qué otra forma podía alguien explicar el valor de la predicación de Pablo y la transformación de tantas vidas bajo su influencia? Allí mismo en Corinto, paganos sin ningún conocimiento del Dios verdadero habían llegado a la fe en Cristo después de escuchar a Pablo predicar en la plaza de la ciudad. ¿Qué más puede ser que el poder de Dios?

Pablo estaba expuesto constantemente a las fuerzas que intentaban matarlo.

No obstante era más que vencedor (Romanos 8.37) porque el Señor Jesucristo le infundía su vida con tal poder que su influencia como líder espiritual ponía al mundo de cabeza. La poderosa influencia de la vida y de las cartas de Pablo se siente todavía, al igual que por siglos.

Él les dijo a los corintios: «Aun yo mismo me gastaré del todo por amor de vuestras almas» (2 Corintios 12.15). A los filipenses, les dijo lo mismo:

«Y aunque sea derramado en libación sobre el sacrificio y servicio de vuestra fe, me gozo y regocijo con todos vosotros» (Filipenses 2.17). Era un uso digno para una vasija de barro desechable. A Pablo le quedaba bien esa vida de sacrificio porque las ganancias de la inversión valían la pena.

LA BATALLA DEL LÍDER

L a relación del apóstol Pablo con la iglesia de Corinto había sido saboteada deliberada y sistemáticamente por las mentiras de los falsos maestros. Pablo dedicó los primeros siete capítulos de Segunda de Corintios respondiendo punto por punto a varias cosas que sabía que fueron dichas contra él en Corinto. Esparcidas en esos capítulos se encuentran algunas secciones doctrinales, pero en su mayoría, esos capítulos son intensamente personales, altamente emocionales y sumamente pastorales. Pablo estaba buscando reparar la relación dañada.

Al final del capítulo 7, parece como si se hubiera descargado. Concluyó esa sección con las siguientes palabras: «Me gozo de que en todo tengo confianza en vosotros». Suena como un gran suspiro de alivio.

Luego por dos capítulos, vuelve al tema de la caridad de los corintios hacia la iglesia de Jerusalén. Los santos en Judea estaban sufriendo grandemente bajo la persecución de Roma. Las iglesias de Macedonia bajo el liderazgo de Pablo, habían organizado generosamente una ofrenda para ayudar a suplir las necesidades financieras de sus hermanos en Judea (2 Corintios 8.1-7).

Los corintios se brindaron a participar (vv. 10-11). Pablo dedicó los capítulos 8 y 9 para estimularlos a cumplir ese compromiso. En estos su tono era gentil, estimulante y suave.

Pero luego, cuando comienza a concluir la sección de su epístola (capítulos 10-13), su comportamiento cambió de forma abrupta, marcada y de una manera sorpresiva. Se volvió firme y marcial. Incluyó varias reprimendas dirigidas directa y específicamente a las personas ingenuas y desobedientes de la iglesia de Corinto que cayeron fácilmente ante los falsos maestros (11.4, 19-21; 12.11; 13.2-3). Para aquellos que leen la epístola y piensan que él terminó de tratar con la amenaza de los falsos apóstoles, encuentran que Pablo guardó las reprimendas más fuertes para el final.

En algunas porciones de esa sección concluyente de la epístola, el lenguaje de Pablo es muy severo. Allí vemos a Pablo contendiendo ferozmente contra esos que engañosamente trataban de socavar su liderazgo.

Al principio de la epístola, Pablo se ocupó de aclarar que esa autodefensa no estaba motivada por el orgullo o por el ego. Él siguió aclarando una y otra vez que la vanagloria le parecía sumamente repugnante (10.8, 13-16; 11.10, 16-18, 30; 12.1, 5-6,9-11). Y, no obstante, pese a lo humilde que era, no permitiría que los corintios cayeran ante esos mentirosos. Era manso y modesto, pero en ningún momento indiferente.

Un líder apático es una contradicción de términos. El líder verdadero nunca se despreocupará. De hecho, este es otro principio fundamental de todo liderazgo: *El líder es apasionado.*

La persona que no sea apegada o que sea indiferente no es un verdadero líder. Todos los líderes deben tener pasión. Y los espirituales especialmente motivados por una pasión intensa por la verdad, tanto como un amor ferviente y profundo en Cristo. Es imposible mantener tal afecto y ser pasivo o no tener emociones.

Oswald Sanders, en su obra clásica titulada *Liderazgo espiritual,* llegó a incluir el enojo como parte de las calificaciones del liderazgo. Él escribió:

Suena bastante rara la calificación para liderazgo. En otro contexto sería citado como un factor de descalificación pero, ¿no era esta una cualidad presente en la vida del supremo líder? «Haciendo un azote de cuerdas, echó fuera del templo a todos, y las ovejas y los bueyes; y esparció las monedas de los cambistas, y volcó las mesas; y dijo a los que vendían palomas: Quitad de aquí esto, y no hagáis de la casa de mi Padre casa de mercado. Entonces se acordaron sus discípulos que está escrito: El celo de tu casa me consume» (Juan 2.15-17). La indignación justa no es menos noble que el amor ya que ambos coexisten en Dios. Cada una necesita de la otra. Era el amor de Dios por el hombre con la mano seca lo que lo hizo enojar contra aquellos que negaban su sanidad (Marcos 3.5). Era su amor por su Padre y su celo por su gloria, lo que lo hizo enojar con los mercaderes que habían convertido su casa de oración en una cueva de ladrones (Mateo 21.13).

Los grandes líderes que han logrado cambios en épocas de declive espiritual y nacional han sido hombres que se pueden enojar por las injusticias y los abusos que deshonran a Dios y esclavizan al hombre.[1]

Otras emociones fuertes —incluyendo el gozo, el gusto, el dolor, la compasión, el temor y el amor— son igualmente esenciales en el liderazgo. La persona que es fría, no tiene sentimientos, distante o apática nunca puede ser un verdadero líder eficaz.

Las pasiones humanas, por supuesto, traen ciertos peligros. Están sujetas al abuso y al mal uso. Pueden opacar severamente las facultades

> *Principio de liderazgo # 20*
> **EL LÍDER ES APASIONADO.**

racionales. Los líderes, no deben evitar el sentimiento o la intensidad, pero deben dominar sus pasiones más que ser dominados por ellas. Nuestro celo debe estar enfocado, cuidadosamente gobernado y utilizado para propósitos piadosos. El autocontrol es un fruto del espíritu (Gálatas 5.23). El autocontrol piadoso involucra no sólo la mortificación de los deseos pecaminosos (Colosenses 3.5), sino también un grado de dominio en la expresión de las pasiones legítimas.

Salomón escribió: «Como ciudad derribada y sin muro es el hombre cuyo espíritu no tiene rienda» (Proverbios 25.28); y «Mejor es el que tarda en airarse que el fuerte; y el que se enseñorea de su espíritu, que el que toma una ciudad» (16.32).

Sin embargo, hay «tiempo de llorar, y tiempo de reír; tiempo de ende-char, y tiempo de bailar... tiempo de amar, y tiempo de aborrecer; tiempo de guerra, y tiempo de paz» (Eclesiastés 3.4, 8). Tiempo de guerra llegó contra las mentiras de los falsos apóstoles y Pablo no intentó guardar su pasión al concluir esa segunda epístola a la iglesia de Corinto. Hasta comenzó esa sección concluyente introduciendo su tema de batalla:

Yo Pablo os ruego por la mansedumbre y ternura de Cristo, yo que estando presente ciertamente soy humilde entre vosotros, mas ausente soy osado para con vosotros; ruego, pues, que cuando esté presente, no tenga que usar de aquella osadía con que estoy dispuesto a proceder resueltamente contra algunos que nos tienen como si anduviésemos según la carne. Pues aunque andamos en la carne, no militamos según la carne; porque las armas de nuestra milicia no son carnales, sino poderosas en Dios para la destrucción de fortalezas, derribando argumentos y toda altivez que se levanta contra el conocimiento de Dios, y llevando cautivo todo pensamiento a la obediencia a Cristo, y estando prontos para castigar toda desobediencia, cuando vuestra obediencia sea perfecta (2 Corintios 10.1-6).

Durante todas las batallas que el apóstol enfrentó, incluyendo motines, apedreamientos y palizas de las cuales apenas escapó con vida, nada era más difícil o implacable que la batalla que hacía por la preservación de la iglesia de Corinto. Pablo no supo, durante esos aproximadamente veinte meses cuando lanzó su ministerio en Corinto, que terminaría en una gran batalla para preservar la verdad del evangelio en esa iglesia.

Pero los falsos maestros llegaron tan pronto como Pablo se fue. Atacaron directamente el liderazgo de Pablo. Y tuvieron éxito hasta cierto punto al hacer que la iglesia se volviera contra su fundador y padre espiritual.

Pablo contraatacó. Sus epístolas a los corintios rogaban por el arrepentimiento de ellas y expresaban su profundo amor y compromiso con ellos (2 Corintios 2.1-4). El registro bíblico parece sugerir que la mayoría en Corinto se arrepintió de su deslealtad. Esa es la razón por la cual el corazón de

Pablo cambió de desesperación a gozo cuando Tito le informó que los corintios habían recibido su carta severa (una reprimenda no canónica que envió después de Primera de Corintios y antes de Segunda de Corintios) con tristeza y arrepentimiento (7.6-16). Ese fue un momento decisivo y una gran victoria.

Sin embargo, es significativo que la respuesta inmediata de Pablo fue escribir Segunda de Corintios, otra larga carta llena de ruegos por el arrepentimiento, amonestaciones gentiles, palabras de corrección y también fuertes reprimendas. El conflicto no había acabado aún. Pablo sabía lo que todo buen líder sabe: La rebeldía siempre siembra semillas de rebelión.

Lo vemos claramente en el relato de la rebeldía de Coré en el Antiguo Testamento. Coré había movilizado a los israelitas en contra del liderazgo de Moisés. Demandaban que este renunciara. Dios mismo juzgó a Coré y a sus seguidores de una manera vívida e inmediata. La tierra se abrió por debajo de ellos y se los tragó vivos (Números 16.23-33). El pueblo de Israel fue testigo de lo que le pasó a Coré y a sus seguidores. Vieron cómo la tierra se abría milagrosamente y literalmente consumía los rebeldes y a los que estaban cerca de ellos. También vieron cómo el fuego del cielo incineraba a 250 de los seguidores más cercanos de Coré (v. 35).

Uno pensaría que un juicio tan dramático acabaría con la rebeldía de Israel para siempre. No fue así. El fuego no acababa de humear y la tierra apenas se estaba acomodando cuando la siguiente rebelión estalló. Y esta vez fue peor. «El *día siguiente*, toda la congregación de los hijos de Israel murmuró contra Moisés y Aarón, diciendo: Vosotros habéis dado muerte al pueblo de Jehová» (v. 41, énfasis añadido). ¡Culparon a *Moisés* por lo que le sucedió a Coré! Dios respondió enviando una plaga. El versículo 49 dice: «Y los que murieron en aquella mortandad fueron catorce mil setecientos, sin los muertos por la rebelión de Coré».

Pablo sabía que la insurgencia de los falsos apóstoles en Corinto sólo había sido detenida. O para utilizar otra metáfora, sabía que todavía había carbones de acusación encendidos contra él. En algún lugar en la iglesia de Corinto, quizás en alguna esquina oscura, se estaban inflamando llamas buscando la primera oportunidad. Los falsos maestros todavía se encontraban allá. La simpatía por los falsos maestros aparentemente se mantenía por parte de algunos en la congregación. La rebeldía y la falsa enseñanza simplemente se ocultaron, esperando el momento oportuno para salir a flote nuevamente.

Pablo comprendió que los efectos de la calumnia son extensos. Una vez que las mentiras acerca de uno empiezan a circular, es extremadamente difícil reivindicar el nombre. Es parecido a tratar de recuperar las semillas de la flor de diente de león después de que han sido sopladas al viento. Las mentiras contra Pablo, creadas con gran sutileza, fueron mezcladas lo suficiente para hacerlas creíbles (2 Corintios 10.9-10). Fueron diseminadas por personas que estaban disfrazadas convincentemente como mensajeros de la verdad, «ángeles de luz» (11.13-14).

Pablo sabía que los perpetradores de esas mentiras continuarían la batalla que empezaron contra él. Aunque habían sido detenidos, los falsos maestros simplemente adoptarían tácticas de guerrilla y seguirían con la pelea. En efecto, se convertirían en terroristas espirituales.

Por lo tanto, Pablo no se guardó nada en esa sección de Segunda de Corintios. Él quería dejar en los corintios unas palabras finales que revelaran la profundidad de su pasión. Quería que supieran que él veía el conflicto con los falsos maestros como una verdadera batalla.

Deseaba advertirles a aquellos que tuvieran simpatía por esos falsos apóstoles que iría en persona a arreglar el asunto (2 Corintios 12.14; 13.1). Él no estaba seguro de lo que encontraría cuando llegara a Corinto, «Pues me temo que cuando llegue, no os halle tal como quiero» (12.20). Pero cuando fuera, estaría listo para el conflicto; en caso de ser necesario. Si los rebeldes y los falsos maestros todavía seguían causando problemas cuando llegara, habría guerra (13.2).

Recuerde, Pablo era su padre espiritual (1 Corintios 4.15). Por lo tanto, les habló firmemente, como un padre disgustado. Estos capítulos concluyentes son un ultimátum extenso para hacerles saber que hablaba en serio. Su paciencia paternal estaba agotada por esos asuntos. Él estaba preparado, si fuera necesario, para ejecutar una disciplina paterna: «Lo escribo a los que antes pecaron, y a todos los demás, que si voy otra vez, no seré indulgente» (13.2). Pablo estaba preparado para «castigar toda desobediencia» (10.6). Así que esta era una advertencia paterna a los corintios.

Más importante aun, tenía que eliminar la amenaza de los falsos apóstoles. Él quería que supieran que iba a regresar con armas de batalla que eran poderosas para destruir toda fortaleza de mentiras. Planeaba buscar y destruir todo lo que se exaltara en contra del conocimiento de Dios.

Esa es la razón por la cual pasó de la calma y la ternura, en los capítulos 1 al 9, a palabras firmes y autoritarias.

Tito estaría entregando Segunda de Corintios a nombre de Pablo (8.16-24). Poco después de que recibieran esa carta, Pablo mismo haría su tercera visita. Él ya estaba preparándose para la jornada (12.14). Y así tendrían tiempo para leer la epístola y prepararse para la llegada del apóstol. Ellos necesitaban ese tiempo para tratar los asuntos que Pablo había escrito en la carta. Aquellos que todavía estaban indecisos necesitaban arrepentirse.

En efecto, los últimos cuatro capítulos de Segunda de Corintios se extienden sobre lo que Pablo escribió en 1 Corintios 4.21: «¿Qué queréis? ¿Iré a vosotros con vara, o con amor y espíritu de mansedumbre?» Era una decisión de los corintios. Y si las cosas *eran* urgentes cuando Pablo escribió su primera epístola, lo eran más ahora.

Pablo tenía en mente tres grupos de personas cuando escribió esa porción de su carta. Los fieles corintios que reafirmaron su compromiso con Pablo. Los que andaban a medias, aparentemente guardando simpatías con los falsos apóstoles y que deseaban mantenerse indecisos. Y los acusadores mismos. Pablo sabía que ellos todavía eran una gran amenaza.

La respuesta del apóstol a los tres grupos revela la profundidad y la extensión de su pasión. Él se dirigió a los fieles con compasión gentil y amorosa. Previno a los indecisos con claridad. Y notificó a los acusadores que no estaban a salvo. Esas tres acciones se ven claramente en los primeros seis versículos de 2 Corintios 10.

SU COMPASIÓN

Pablo iba a emplear un lenguaje fuerte y marcial en los versículos 3 al 6. Por eso, para ponerlo en su propio contexto comenzó con una expresión de compasión tierna y amorosa: «Yo Pablo os ruego por la mansedumbre y ternura de Cristo, yo que estando presente ciertamente soy humilde entre vosotros, mas ausente soy osado para con vosotros» (v. 1).

Pablo sabía, por supuesto, que ser mal representado, calumniado, perseguido y acusado falsamente es parte inevitable de ser cristiano. Debemos esperar sufrir injustamente. Esas vidas se enfrentan a la cultura en que vivimos. Vivimos como extranjeros en este mundo y no debería sorprendernos cuando este sea hostil hacia nosotros (1 Juan 3.13). Fuimos llamados a ese propósito. En este mundo tendremos tribulación (Juan 16.33). Eso viene con el paquete.

Pero recuerde que la autoridad de Pablo fue puesta en duda por los falsos maestros. Su derecho a hablar por Dios fue cuestionado. Sus credenciales apostólicas fueron atacadas. No era simplemente una ofensa personal en contra de Pablo; era un asalto total en contra de la verdad.

Pablo respondió ampliamente el desafío de sus credenciales apostólicas. Estableció el hecho de que no necesitaba cartas de recomendación para justificar su poder de liderazgo apostólico sobre ellos (2 Corintios 3.1). Por eso, aquí comienza claramente a ponerse en el lugar de la autoridad. Lo que iba a decir sería mencionado con toda la autoridad del apóstol de Jesucristo. «Yo Pablo». Estaba invocando la autoridad de su oficio.

Y, sin embargo, al hacerlo, se comportó con gentileza y mansedumbre («os ruego por la mansedumbre y ternura de Cristo»). Él no tenía ningún deseo de buscar conflicto. No sentía satisfacción en el combate. No se sentía motivado por el veneno o el enojo. Reconocía que los corintios habían sido engañados y tenía razón para creer que la mayoría de ellos estaban arrepentidos. Por tanto, les aseguró que lo que iba a decir venía con un corazón lleno de compasión, mansedumbre y ternura hacia ellos. Ciertamente no buscaba pelear con la iglesia de Corinto.

«La mansedumbre» es la actitud humilde que se expresa en la paciencia al soportar las ofensas. Pablo no tenía amargura. No tenía deseo de venganza. «La gentileza» es prácticamente un sinónimo. Implica resignación. Pablo no tenía ninguna malicia ni mala voluntad hacia los corintios.

Más bien, les decía que la actitud de su corazón hacia ellos era un espejo fiel de la propia compasión de Cristo («la mansedumbre y ternura de Cristo»).

La mansedumbre no es *debilidad*; es poder bajo control. Después de todo, no había nadie más poderoso que Cristo; sin embargo Él dijo: «Soy manso y humilde de corazón» (Mateo 11.29). Pablo igualmente mantenía su autoridad apostólica bajo análisis. No buscaba una oportunidad para utilizar su autoridad como un bate. En su corazón no quería castigar a los corintios. Lo haría si tuviera que hacerlo, pero era su última opción.

Jesús mismo ejemplificó esa clase de paciencia y todos los cristianos debemos seguir su ejemplo. Pedro escribió:

Porque esto merece aprobación, si alguno a causa de la conciencia delante de Dios, sufre molestias padeciendo injustamente. Pues ¿qué gloria es, si pecando sois abofeteados, y lo soportáis? Mas si haciendo lo bueno sufrís, y lo soportáis, esto ciertamente es aprobado delante de Dios. Pues para esto fuisteis llamados; porque también Cristo padeció por nosotros, dejándonos ejemplo, para que sigáis sus pisadas; el cual no hizo pecado, ni se halló engaño en su boca; quien cuando le maldecían, no respondía con maldición; cuando padecía, no amenazaba, sino encomendaba la causa al que juzga justamente (1 Pedro 2.19-23).

Nadie en este mundo sufrió más injustamente que Cristo. Él no tenía pecado, era totalmente inocente, sin engaño y sin embargo cuando fue injuriado, no devolvió el castigo.

¿Qué tan misericordioso era Cristo? Isaías habló de Él proféticamente diciendo: «No quebrará la caña cascada, ni apagará el pabilo que humeare; por medio de la verdad traerá justicia» (Isaías 42.3; Mateo 12.20).

¿Qué significa eso? La caña era una planta rígida que crecía en aguas poco profundas. Los pastores transformaban esas cañas en flautas musicales. Cuando una caña se dañaba o se cascaba, el pastor la partía en dos, la desechaba y buscaba otra nueva. «Pabilo humeante» se refería al pabilo de una lámpara que estaba ya quemado, inservible para iluminarnos. Ambos representan cosas inútiles, algo que uno normalmente tiraría a la basura. Pero el ministerio de Cristo era redimir a las personas que de otra forma serían inútiles, sin destruirlas ni desecharlas. Tal compasión fue el motivo de su entera misión terrenal (Lucas 9.51-56; 19.10; Juan 8.10-11). «Porque no envió Dios a su Hijo al mundo para condenar al mundo, sino para que el mundo sea salvo por él» (Juan 3.17; Juan 12.47).

Recuerde que hasta la denuncia más mordaz de Jesús, una diatriba vertiginosa contra los líderes religiosos de Jerusalén en Mateo 23, termina con Cristo llorando por Jerusalén (v. 37). La compasión coloreaba todo lo que Él hacía.

Pablo dijo, en efecto: «Vengo a ustedes con mansedumbre y ternura de Cristo. Estoy dispuesto a ser paciente. Quiero ser gentil e indulgente. No tengo rencor ni malicia contra ustedes». Los corintios sabían que esa era una expresión de su verdadero corazón porque conocían bien al apóstol.

Pero los enemigos de Pablo también observaron su mansedumbre y estaban preparados para darle una mala reputación por ello. Decían que Pablo parecía gentil sólo porque no tenía valor. Que pretendía ser osado a la distancia pero en persona era un cobarde. Cara a cara, era débil. Como lo observamos en el capítulo anterior, ellos dijeron: «Las cartas son duras y fuertes; mas la presencia corporal débil» (2 Corintios 10.10).

Decían, en efecto, que era como un perro que ladra pero no muerde. «Alejen a Pablo lo suficiente y denle una pluma en su mano, y se convierte en un feroz contendiente. Tráiganlo aquí y será débil, no tiene valor».

Habían malinterpretado su osadía y su compasión. Era una acusación muy lista. Ya que era muy difícil contestarla por carta. Si intentaba defender su fortaleza desde la distancia, ellos reafirmarían su posición. Si respondía con una respuesta gentil, dirían que así demostraba que ellos tenían razón acerca de *la* «debilidad» de Pablo.

En lugar de eso, él reconoció la acusación, pero mediante una oración sarcástica (en efecto, más o menos se deshizo de la acusación sin responderla directamente con muchas palabras): «Yo que estando presente ciertamente soy humilde entre vosotros, mas ausente soy osado para con vosotros» (10.1). Así que respondió de una forma que mostraba su fortaleza y su ternura al mismo tiempo. Comenzó con una clara expresión de compasión, pero inmediatamente comenzó a hablar con una calma firme que pronto se elevó a un tono marcial. Esa nota de sarcasmo gentil hizo el cambio entre la compasión y la firmeza.

SU OSADÍA

Luego su atención se volvió a los indecisos, a aquellos que mostraron simpatía con los falsos apóstoles y que quizás no sabían cómo responder a Pablo.

Si creían las mentiras de los falsos maestros y pensaban que Pablo era un cobarde, estaban por recibir una llamada de alerta. Pablo no era débil. Si sus oberturas compasivas fueron rechazadas, Pablo estaba preparado para mostrarles lo osado que podía ser en persona. «Ruego, pues, que cuando esté presente, no tenga que usar de aquella osadía con que estoy dispuesto a proceder resueltamente contra algunos que nos tienen como si anduviésemos según la carne» (2 Corintios 10.2). La Nueva Versión Internacional lo traduce de esta forma: «Les ruego que cuando vaya no tenga que ser tan atrevido como me he propuesto ser con algunos que opinan que vivimos en unos criterios meramente humanos».

Cuando los esfuerzos pacientes de Pablo se agotaran, haría lo que fuera necesario para defender la verdad contra esos rebeldes que no querían arrepentirse. Si *sólo* la confrontación preservaba la verdad, Pablo lo haría. Ciertamente dijo que *esperaba* que ese fuera el caso con algunos. Si querían severidad, la tendrían.

A propósito, Pablo no siempre fue manso en situaciones cara a cara. Recuerde una ocasión cuando reprendió a Pedro. Lo hizo públicamente y «le resistí cara a cara, porque era de condenar» (Gálatas 2.11).

El registro de la valentía personal de Pablo llena todo el libro de los Hechos, comenzando en el capítulo 13. Se enfrentaba abiertamente a las cortes, los concilios, los líderes religiosos, las turbas, los gobernadores, los reyes y especialmente los falsos maestros. De ninguna manera era débil o cobarde. Eso hubiera violado un principio cardinal de liderazgo: *El líder es valiente.*

Ninguno que le falte valor entre las condiciones básicas puede ser un buen líder. Las personas no siguen a los cobardes. A veces, el valor de un líder se expresa en la confrontación. Y ese fue el caso aquí.

Hemos visto el valor de Pablo en acción por todo nuestro estudio. Ahora se convierte en el centro de nuestro enfoque cuando responde a estas falsas acusaciones de que era tímido en situaciones cara a cara.

Tal como lo observamos en el capítulo anterior, los enemigos de Pablo también se quejaban de que él era débil físicamente y no tenía elocuencia en su oratoria. Pablo simplemente había reconocido la verdad de *esas* acusaciones. Pero *esta* declaración de que le faltaba valor era una mentira total. Él ejemplificaba el valor. En ninguna parte del registro bíblico se muestra alguna onza de cobardía por parte de Pablo. No era de extrañarse por qué se indignó al pensar cómo responder a esa acusación tonta.

«Porque no nos ha dado Dios espíritu de cobardía, sino de poder, de amor y de dominio propio» le dijo a Timoteo (2 Timoteo 1.7). Este evidentemente luchaba con la falta de valentía, porque Pablo con frecuencia le amonestaba que fuera fuerte y no se avergonzara (1.8; 2.1; 3.1; 1 Timoteo 1.18; 6.12).

Pablo nunca mostró ninguna señal de temor o timidez. De hecho, su valentía se vio de frente aquí en 2 Corintios 10.2 al responder a las acusaciones. Les advirtió que estaba «dispuesto a proceder resueltamente contra algunos». La palabra griega para «osado» es *tolmao*, que significa ser «valiente, atrevido, intrépido». Demuestra actuar sin temor a las consecuencias.

Si realmente querían ver la valentía de Pablo, él se las mostraría. Y lo haría «con confianza». Esa expresión viene de la palabra griega *tharrheo*, la cual es un sinónimo de valentía.

Claramente se veía un *crescendo* en su tono mientras escribía. Se estaba volviendo más agresivo. Si los falsos maestros o sus seguidores querían pelea, se las daría: «Si voy otra vez, no seré indulgente» (13.2).

En ese momento, Pablo reveló la naturaleza verdadera de las acusaciones de los falsos maestros. Ellos hicieron que la gente los tuviera «como si anduviésemos según la carne» (2 Corintios 10.2). Aparentemente decían que Pablo era controlado por sus deseos pecaminosos. Es eso, precisamente, lo que significa «andar según la carne» (Romanos 8.1-5). Pablo escribió en otra parte: «Y manifiestas son las obras de la carne, que son: adulterio, fornicación, inmundicia, lascivia, idolatría, hechicerías, enemistades,

pleitos, celos, iras, contiendas, disensiones, herejías, envidias, homicidios, borracheras, orgías, y cosas semejantes a estas; acerca de las cuales os amonesto, como ya os lo he dicho antes, que los que practican tales cosas no heredarán el reino de Dios» (Gálatas 5.19-21). Aparentemente, el reclamo *específico* de los falsos apóstoles era que Pablo estaba dominado por el amor al dinero (2 Corintios 11.9-13; 12.13-19) o quizás por deseos aun más impuros. Ellos querían que los corintios pensaran que él no estaba calificado en ninguna manera para ser un líder espiritual (13.6-7).

Eso nos lleva a la médula del complot contra Pablo. Esa es la raíz de todas las falsedades. Cada acusación, cada insinuación y cada difamación con la que querían embarrar a Pablo era sencillamente una forma de respaldar esa sospecha de que era un fraude, que se encontraba en bancarrota moral y que era controlado por deseos carnales. Los enemigos de Pablo deliberadamente habían plantado esa sospecha. No había ninguna base para apoyar esas mentiras.

Pablo ya se había defendido contra esa mentira. En 1.12, recordará usted, comenzó la epístola completa diciendo: «Porque nuestra gloria es esta: el testimonio de nuestra conciencia, que con sencillez y sinceridad de Dios». En 7.2, él dijo: «Admitidnos: a nadie hemos agraviado, a nadie hemos corrompido, a nadie hemos engañado». Pablo respondió la calumnia sin dignificarla mediante un reconocimiento explícito.

Pero ahora él mismo presenta la acusación y la trae a colación. Para que nadie pensara que estaba exagerando, entregaba lo que había hecho que tuviera que ser abiertamente. Esa era la esencia de los ataques contra él: Lo habían presentado falsamente como si fuera un charlatán, un mercenario, un ministro tipo Elmer Gantry. Dijeron que lo único que motivaba a Pablo era el egoísmo personal, los deseos corruptos, los deseos carnales y las motivaciones secretas.

Pablo no quería ser áspero. Él no buscaba conflictos. Pero a menos que los rebeldes que inventaron tales malévolas falsedades se arrepintieran o se fueran cuando él llegara, habría guerra. Pablo lo aseguró.

SU MILITANCIA

Por lo tanto, la intensidad creciente de Pablo culminó en una declaración de guerra. La compasión del líder no limita su disposición para luchar. Su valor es igual que su pasión.

Los enemigos de Pablo lo acusaban de «andar en la carne» (2 Corintios 10.2). Él negó totalmente la acusación de que fuera corrupto moralmente. Además amenazó con mostrar su fuerza con cualquiera que impugnara su carácter de esa forma.

No obstante, en el versículo 3, reconoce que hay un cierto sentido al decir que él «andaba en la carne», después de todo era un mortal, hecho de naturaleza humana. Con eso hizo un juego de palabras. Negaba por supuesto, que «anduviera en la carne» en el sentido moral. Pero admitía a la vez que estaba todavía «en la carne» en el sentido humano de la palabra. En otros términos, no estaba diciendo que era sobrenatural.

No obstante, estaba preparado para hacer guerra en el área espiritual. Él dijo: «Pues aunque andamos en la carne, no militamos según la carne; porque las armas de nuestra milicia no son carnales, sino poderosas en Dios para la destrucción de fortalezas, derribando argumentos y toda altivez que se levanta contra el conocimiento de Dios, y llevando cautivo todo pensamiento a la obediencia a Cristo» (vv. 3-5).

Ese es un desafío muy atrevido a los enemigos de la verdad. En efecto, Pablo estaba diciendo: «¿Ustedes quieren pleito conmigo? Adelante. Pero debo advertirles que cuando me ven ustedes creen que solo ven a un mortal más. Pero cuando peleemos no voy a usar armas humanas. No pelearé a su nivel. No utilizaré armas humanas convencionales». Pablo luchaba «en palabra de verdad, en poder de Dios, con armas de justicia a diestra y a siniestra» (2 Corintios 6.7).

Pablo sabía que la verdadera batalla no era simplemente contra los falsos maestros humanos que habían confundido a los corintios. La lucha era contra el reino de las tinieblas «Porque no tenemos lucha contra sangre y carne, sino contra principados, contra potestades, contra los gobernadores de las tinieblas de este siglo, contra huestes espirituales de maldad en las regiones celestes» (Efesios 6.12). Luchamos por la preservación y la proclamación de la *verdad*. Luchamos por el honor de Jesucristo. Luchamos por la salvación de los pecadores, luchamos por la virtud de los santos.

De hecho, en todos los esfuerzos nobles y buenos de los líderes cristianos en los negocios, la política, la educación, la milicia u otra área legítima inevitablemente molestarán al reino de las tinieblas. Ya que los cristianos en todo lo que hacen se supone que contribuyen al avance del reino de Cristo, van a enfrentar oposición por parte de los poderes de maldad.

Pablo utilizaba el lenguaje bélico todo el tiempo. Él comenzó y terminó Primera de Timoteo pidiéndole a Timoteo que peleara bien: «milites la buena milicia» (1.18). «Pelea la buena batalla de la fe» (6.12). Él dijo: «Seamos sobrios, habiéndonos vestido con la coraza de fe y de amor, y con la esperanza de salvación como yelmo» (1 Tesalonicenses 5.8). En 2 Timoteo 2.3 dijo: «Tú, pues, sufre penalidades como buen soldado de Jesucristo». Casi al final de su vida, escribió: «He peleado la buena batalla» (2 Timoteo 4.7). Toda su vida fue una guerra espiritual contra todo lo que se oponía a la verdad.

Uno no puede pelear a ese nivel con armas humanas. Las herramientas carnales no valen nada para el reino de las tinieblas. El arsenal humano más poderoso es totalmente inútil contra los principados, los poderes, contra los gobernadores de las tinieblas, contra cualquier espíritu de maldad en las potestades celestiales. Los instrumentos carnales no pueden pelear a ese nivel. Las armas humanas no tienen ningún poder contra Satanás. No pueden liberar las almas del reino de las tinieblas. No pueden transformar a los pecadores. No pueden santificar a los santos. No tienen ningún efecto en el reino espiritual o el reino de las tinieblas.

¿A qué se refería Pablo con armas «carnales»? Obviamente a todos los instrumentos utilizados literalmente en las batallas humanas. Pablo no estaba planeando una incursión literal con espadas y carros al campo enemigo. Él no se refería a usar la fuerza física en Corinto.

Pero un momento de reflexión revelará que cada clase de artilugio e invención humana que se enfrenta en batalla contra el reino de las tinieblas es también sencillamente otra clase de arma carnal. Entre ello se incluye la filosofía humana, los argumentos racionalistas, la estrategia carnal, la ingenuidad carnal, la inteligencia humana, el entretenimiento, el espectáculo y cualquier otra motivación que se supone aumente el poder del evangelio. Tales estrategias se encuentran en boga en la actualidad. Pero aun así son armas impotentes. Representan intentos vanos para luchar las batallas espirituales a un nivel humano.

Uno puede usar trucos publicitarios para vender sopas y Chevrolets. Uno puede emplearlos en campañas políticas o con propósitos de relacionarse públicamente. Pero en el reino espiritual son totalmente inútiles. Son como pistolas de juguete. Nunca serán efectivas contra las fuerzas del maligno. Aun si usted vende autos o productos de comida, si es cristiano, usted es un soldado en una batalla espiritual y para esa batalla necesita ser un profesional para usar las armas adecuadas.

Pablo dijo que las armas que usaba en la batalla eran «poderosas en Dios» (2 Corintios 10.4). Él estaba diciendo que eran armas que venían del cielo, del arsenal personal de Dios mismo. Ciertamente no estaba hablando de trucos o novedades diseñadas para hacer que su mensaje fuera mejor mercadeado. Lo que tenía en mente no eran armas de intención humana, sino armas espirituales poderosas divinamente ordenadas.

¿Por qué? Porque el enemigo es formidable y francamente los trucos y la inteligencia humana no funcionarían bien. Necesitamos armas poderosamente divinas «para la destrucción de fortalezas» (v. 4). La fortaleza espiritual que Pablo describía era invencible ante las armas carnales.

Los corintios entendieron la imagen cuando Pablo mencionó «fortalezas». Al sur de la ciudad se encontraba una gran montaña, una torre natural de piedra de más de 1800 pies de alto, conocida como Acrocorinto. En ella había una fortaleza impenetrable flanqueada por el templo de Afrodita. Desde ese lugar, la acrópolis de Atenas era visible aunque se encontraba a más de 45 millas de distancia. La fortaleza en la cima de Acrocorinto era un lugar donde toda la población de Corinto se resguardaría en caso de un ataque. Desde allí podían defenderse fácilmente. Conocían el valor estratégico de esa fortaleza. Era un baluarte alto y masivo que no podía ser derribado fácilmente. De hecho, todavía se mantiene entre las ruinas de Corinto.

Pablo decía que las fortalezas espirituales de los poderes de las tinieblas eran similares a eso, con la diferencia de que eran espirituales y sobrenaturales. Tales fortificaciones obviamente no podían ser atacadas con armas mundanas.

Observe que la estrategia de Pablo no era simplemente lanzar algunos dardos contra las fortalezas sino demolerlas. La expresión «destrucción de fortalezas» se refiere a llevarlos a la ruina, haciendo que se desintegren y se desmoronen.

¿Qué son esas fortalezas? ¿Qué era lo que realmente Pablo estaba atacando? La respuesta la dio claramente en el versículo 5: «Derribando argumentos y toda altivez que se levanta contra el conocimiento de Dios». La palabra griega es *logismos*, que significa opiniones, cálculos o razonamientos. Esa palabra solamente se encuentra otra vez en el Nuevo Testamento en Romanos 2.15 donde se traduce como «pensamientos» y describe el proceso de racionalización que hace una persona para dar una excusa.

En otras palabras, las fortalezas que Pablo estaba describiendo aquí eran los sistemas de creencias corruptos, las filosofías siniestras, las falsas doctrinas, las cosmovisiones malignas y cualquier sistema masivo de falsedad. Obviamente, si luchamos por la verdad, las fortalezas que necesitamos demoler son los bastiones de mentiras, los malos pensamientos, las ideas malignas, las opiniones falsas, las teorías morales y las falsas religiones. Son fuertes ideológicos, fuertes filosóficos, fuertes religiosos, fortalezas espirituales hechas con pensamientos, ideas, conceptos, opiniones. En tales ciudades ideológicas, las personas pecadoras tratan de esconderse y fortificarse en contra de Dios y en contra del evangelio de Cristo.

La guerra espiritual como Pablo la describe por lo tanto es ideológica más que mística. Nuestros enemigos son demoníacos, pero nuestra guerra contra ellos no se hace mandándolos, haciendo un mapa de su localización física, invocando palabras mágicas para someterlos, proclamando autoridad sobre ellos ni ninguna otra de las tácticas comunes que algunas personas utilizan cuando se refieren a «guerra espiritual».

Nosotros no peleamos con los demonios en una confrontación cara a cara, o en una conversación de espíritu a espíritu. Los atacamos demoliendo sus fortalezas de mentiras.

El enemigo ha construido ciudades masivas de falsedad. Nosotros aceptamos esas ideologías. Nuestra guerra es contra «espíritus engañadores y doctrinas de demonios» (1 Timoteo 4.1). Hacemos esa guerra atacando los sistemas de mentiras elaboradamente construidos por los demonios, destruyendo las fortalezas, no tratando de mandar a los espíritus mismos.

En 1 Corintios 3.19-20 las fortalezas del enemigo se llaman «la sabiduría de este mundo» y «los pensamientos de los sabios». Se refiere a los sistemas de pensamiento que las personas han creado en contra del conocimiento de Dios. Romanos 1 describe el curso que la humanidad ha seguido en pos del pecado. Aunque la verdad de la existencia de Dios y su infinito poder son visibles claramente en la creación (Romanos 1.20), la humanidad pecaminosa se ha vuelto en contra de Dios, evitando el conocimiento de él, y aceptando pensamientos triviales y tontos en su lugar ya que «cambiaron la verdad de Dios por la mentira» (vv. 21-25). Toda ideología mundana que se opone a Dios, que se opone a Cristo y que se opone a la Biblia está arraigada en la misma rebelión que surgió del infierno. Es contra eso que batallamos. Contra las falsas religiones. Contra las filosofías humanistas, contra el racionalismo secular. Esas son las cosas que se exaltan a sí mismas en contra del conocimiento de Dios (2 Corintios 10.5). Y tienen que ser demolidas.

Esto nos hace una pregunta vital: ¿Cuáles son precisamente nuestras armas? Si las fortalezas se construyen por medio de «argumentos y toda altivez que se levanta contra el conocimiento de Dios» (v. 5; pensamientos, conceptos, opiniones, ideologías, filosofías), es obvio que el único poder que destruiría esas cosas es el poder de la verdad. Ciertamente, cuando el apóstol Pablo hace una lista de las armas de la guerra espiritual en Efesios 6.13-17, nombra sólo un arma ofensiva en toda la lista: «la espada del espíritu que es la palabra de Dios» (v. 17). El poder de Dios para salvación es el poder del evangelio solamente (Romanos 1.16; 1 Corintios 1.21).

En otras palabras, «las armas de esta milicia» son los instrumentos de la verdad. La palabra de Dios. El evangelio. La sana doctrina. La verdad de la Escritura.

Es un hecho que usted no puede pelear la batalla espiritual con frases mágicas o palabras secretas. Usted no vence a los demonios simplemente gritándoles. No tengo nada que decirle a un demonio. No estoy interesado en hacerlo. Que el Señor sea el que haga eso (Judas 9). ¿Para qué querría comunicarme con los espíritus malignos? No obstante, tengo mucho que decirles a las personas que se ensimisman en fortalezas de mentiras demoníacas. Quiero hacer todo lo que pueda para demoler esos palacios de mentiras. Y lo único que me capacita para hacerlo bien es la Palabra de Dios.

La guerra espiritual tiene que ver con demoler las mentiras malignas mediante la verdad. Utilice la autoridad de la Palabra de Dios y el poder del evangelio para darles la verdad a las personas. Eso es lo que destruye las fortalezas de la falsedad. Esa es la verdadera naturaleza de la guerra es-

> *Principio de liderazgo # 22:*
> **EL LÍDER SABE DISCERNIR.**

piritual. Eso es precisamente lo que Pablo describía aquí en 2 Corintios 10.

¿Qué tiene que ver esto con el liderazgo? Una de las calificaciones fundamentales para el liderazgo virtual es el conocimiento de la verdad y la habilidad para reconocer las mentiras así como la capacidad para usar la verdad de tal forma que podamos refutar las mentiras.

Uno de los requisitos clave que Pablo enumera para los ancianos en la iglesia era que tenían que ser habilidosos con la Palabra de Dios «para que también pueda exhortar con sana enseñanza y convencer a los que contradicen» (Tito 1.9). Aquel que no puede involucrarse en la guerra espiritual a este nivel, sencillamente no está capacitado para dirigir.

Es más, usted no puede ser un buen líder y evitar la guerra. Tal como la vida de Pablo lo demostró, entre más efectivo sea usted como líder, más ataques tendrá del enemigo. Esa es la naturaleza del liderazgo.

Por lo tanto, no podemos dirigir bien o luchar la buena batalla a menos que aprendamos las Escrituras y adquiramos habilidad para usar la verdad de Dios a fin de responder las mentiras.

Las mentiras sólo caen ante la verdad. La rebelión acaba cuando la verdad prevalece. Si usted es líder y también es cristiano, tal vez no se dé cuenta pero está involucrado en una guerra espiritual. Usted necesita estar armado. Necesita conocer la Palabra de Dios. Y necesita desarrollar habilidad para usarla contra las mentiras del maligno.

Tercera parte

UN OBRERO APROBADO: EL LIDERAZGO MEDIDO CON EL ESTANDARD BÍBLICO

Capítulo 10

CÓMO NO SER DESCALIFICADO

En estos capítulos finales, analizaremos lo que califica a un líder para dirigir. Comenzaremos, sin embargo, observando un escollo común que fácilmente puede *descalificar* a una persona del liderazgo aun cuando haya comenzado bien. Este es quizás el lazo que probablemente haya causado la caída de más líderes que cualquier otro peligro: la falta de disciplina personal.

A las personas con talento innatos algunas veces les es difícil mantener la disciplina. El músico que tiene una habilidad superior puede desempeñarse bien sin mucha práctica. El atleta talentoso puede jugar bien sin esforzarse tanto como sus compañeros de equipo. Un artista con habilidades extraordinarias no tiene que esforzarse tanto para sobresalir. Por esa razón, algunos de los individuos más talentosos en el mundo también son los más indisciplinados. Con frecuencia observamos evidencia de esto en los estilos de vida de las celebridades y los héroes deportivos.

Pablo era un líder sumamente talentoso. Podemos deducir eso de que cuando era joven fue designado para dirigir la campaña del Sanedrín en contra de los cristianos (Hechos 7.58). En Hechos 26.10, cuando hacía un recuento de su feroz oposición al evangelio antes de conocer a Cristo, dijo: «Yo encerré en cárceles a muchos de los santos, habiendo recibido poderes de los principales sacerdotes; y cuando los mataron, yo di mi voto». El hecho de que pudiera votar sugiere fuertemente que él mismo era quizás miembro del Sanedrín, el concilio gobernante más alto de todo el judaísmo.

Llegar a tal estatura siendo tan joven demuestra un intelecto asombroso y un talento superior. No obstante, vemos prueba abundante de que a la postre, Pablo no era de los que se basaban en sus habilidades naturales, sus proezas intelectuales o sus dones de liderazgo: «antes he trabajado más que todos ellos», dijo en 1 Corintios 15.10, «pero no yo, sino la gracia de Dios conmigo».

Así Pablo enfatiza otra cualidad indispensable vital y supremamente importante que cada líder debe mantener: *El líder es disciplinado*.

El autocontrol es absolutamente vital para que haya un éxito duradero en cualquier proyecto en la vida. Muchas personas obtienen un grado de prominencia basado en un talento natural solamente. Pero los verdaderos líderes *influyentes* son aquellos que se vuelven devotos a una disciplina personal y aprovechan al máximo sus dones.

Aquellos que no tienen autocontrol invariablemente fracasarán y anulan el ejemplo de integridad tan esencial para la mejor clase de un verdadero liderazgo.

El apóstol Pablo, tal como lo hemos visto muchas veces, estaba seguro de su llamado. Defendía con confianza su apostolado cuando otros atacaban su autoridad. No dudaba cuál era su lugar como líder. Después de todo, fue llamado de una manera extraordinaria a un papel único. Pablo indicó que el Cristo resucitado se le apareció de forma física (1 Corintios 15.8; Hechos 23.11). En efecto, Pablo tuvo un encuentro cara a cara con el Señor glorificado tan notable y singular que lo utilizó en defensa de su apostolado (1 Corintios 9.1). Pablo también tuvo la misma habilidad que sucedió a los Doce para hacer milagros, señales y maravillas (2 Corintios 12.12, Mateo 10.1).

No era de extrañarse entonces que Pablo estuviera tan seguro de su llamado. Dios específicamente lo había llamado y ordenado al papel misionero y a su oficio apostólico.

El llamado de Dios y la aprobación de Pablo quedaron claros para todos. Es más, la comisión apostólica de Pablo fue repetidamente confirmada de muchas maneras poderosas y dramáticas que hasta los esfuerzos más determinados de los falsos apóstoles no pudieron lograr descalificarlo.

No obstante, Pablo mismo habló de su gran temor acerca de la posibilidad de que quedará descalificado.

Nosotros pensaríamos que Pablo tenía tanta confianza en su llamado que nunca consideraría un gran fracaso. De todas las personas, ¿no sería Pablo el más inmune acerca del riesgo de que fuera descalificado?

> *Principio de liderazgo # 23:*
> EL LÍDER ES DISCIPLINADO.

Pero escribió esa preocupación de la forma más honesta y explícita.

Pablo casi siempre describía la vida como una competición atlética, como participar en una carrera (Hechos 20.24; Gálatas 2.2, 5.7; Filipenses 2.16; 3.13-14; 2 Timoteo 2.5). Y estaba determinado a ganarla. Él no quería tropezar ni caer antes de llegar a la meta. En 1 Corintios 9.24-27, escribió las siguientes palabras, que muestran la perspectiva del corazón de un verdadero líder:

> ¿No sabéis que los que corren en el estadio, todos a la verdad corren, pero uno solo se lleva el premio? Corred de tal manera que lo obtengáis. Todo aquel que lucha, de todo se abstiene; ellos, a la verdad, para recibir una corona corruptible, pero nosotros, una incorruptible. Así que, yo de esta manera corro, no como a la ventura; de esta manera peleo, no como quien golpea el aire, sino que golpeo mi cuerpo, y lo pongo en servidumbre, no sea que habiendo sido heraldo para otros, yo mismo venga a ser eliminado.

La palabra griega que se traduce para «descalificado» en el versículo 27 es *adokimos*. Significa ser rechazado, eliminado por violar la regla, desaprobado. Es la misma palabra que traducimos «reprobado» en Romanos 1.28 («Dios los entregó a una mente reprobada»). Pablo estaba describiendo la clase de eliminación vergonzosa y desgraciada que le ocurre a un atleta que ha hecho trampa o ha violado las reglas de la carrera.

Obviamente, Pablo no temía que sus enemigos pudieran descalificarlo con ataques a sus credenciales apostólicas. Los venció todos con confianza suprema y convicción, como ya lo hemos observado. Pero aquí estaba hablando de una clase diferente de descalificación. Afirmaba que no quería sentirse, *en sí mismo,* impedido. No quería fracasar moralmente ni ser descalificado espiritualmente.

Este es un grave peligro para todos en el liderazgo. La confianza del líder en su propio llamado debe ser equilibrada por un temor santo al fracaso personal espiritual. Los líderes están expuestos a tentaciones únicas y singulares. Debido al papel vital que tienen, enfrentan ataques extraordinarios del poder de la oscuridad. El orgullo es una trampa peculiar para muchos; la falta de pureza y autocontrol han hecho que otros zozobren. Las fallas morales y personales son la caída para muchos en el liderazgo. Todo surge debido a una falta de disciplina.

La fortaleza de Sansón fue vencida por su propia falta de autocontrol. La sabiduría de Salomón fue comprometida por su lascivia. Y si David, un hombre conforme al corazón de Dios, pudo sucumbir ante la lascivia de los ojos y cometió adulterio y asesinato, ningún líder puede sentirse inmune al fracaso personal. Pablo tampoco se sentía inmune.

En efecto, esa era una de sus grandes preocupaciones acerca de su papel como líder. Él no quería descalificarse a sí mismo de la carrera. Por lo tanto, se autodisciplinó, refrenó sus deseos carnales y sujetó su propio cuerpo, para que el tiempo no llegara cuando después de haber predicado a los demás él mismo quedara descalificado. Mantuvo su mirada en el galardón (Filipenses 3.13-14). Se esforzó para la piedad (1 Timoteo 4.7). Y corrió la carrera con resistencia (Hebreos 12.1).

COMPITA POR EL GALARDÓN

¿Por qué correr una carrera a menos que uno quiera ganar? El verdadero competidor no quiere terminar segundo.

En la actualidad tenemos muchas «carreras» y maratones que atraen a miles de corredores aficionados cuya única meta es terminar la carrera.

El premio que buscan es obtener la satisfacción de completar la carrera (sea que terminen *bien* o no). No hay nada de malo en correr por pura recreación. Pero en una competencia atlética verdadera, el objetivo es ganar. Pablo tuvo la carrera muy en serio y vivió de manera acorde.

Los corintios comprendían lo que eran las competencias atléticas de la misma forma que un fanático de la ESPN (Cadena Televisiva de Deportes). Desde los tiempos de Alejandro el Grande, el atletismo dominó la sociedad griega. Los dos eventos más importantes eran los Juegos Olímpicos que se realizaban cada cuatro años en Atenas y los Juegos del Istmo que se hacían cada dos años (en la primavera del segundo y cuarto año de las Olimpiadas) en Corinto. Los Juegos del Istmo se encontraban entre las atracciones más famosas de la ciudad. Todos en Corinto sabían de atletismo.

Y algo que todos sabían era que para poder obtener el premio, uno tenía que ganar la carrera. En los Juegos del Istmo, era una corona hecha de hojas de pino. Pero junto a eso también venía la fama y el honor. Los ganadores eran venerados por los demás en la sociedad, exactamente como lo hace la nuestra con los héroes deportivos actuales. Todos los jóvenes en Corinto soñaban con ganar el premio.

Yo fui atleta en la secundaria y en la universidad. Estuve en los equipos de pista, béisbol y fútbol. *Siempre* que competía lo hacía para ganar. Eso era todo en mi vida en esa época. Pude lograr un éxito moderado en los deportes. Cuando pienso en los sacrificios que estaba dispuesto a hacer para correr en un campo de fútbol con un pedazo de cuero bajo mi brazo, me parece inconcebible ahora.

Observe lo que Pablo dice acerca de los atletas terrenales: «Para recibir una corona corruptible» (1 Corintios 9.25). Una corona de pino. Algo que era incómodo hasta para llevar en el cuello. En estos días, el premio más prestigioso es la medalla de oro olímpica. Me dicen que el material del que la hacen vale como ciento diez dólares. Precios perecederos. Tienen un valor intrínseco muy pequeño. Aun las recompensas intangibles no duran mucho tiempo. No obstante los atletas hacen sacrificios asombrosos para ganarlas.

Cuando estaba en la universidad, los atletas no recibían ningún pago. En mi escuela ni siquiera había amenidades que vinieran junto con la beca atlética. Pero había una pizarra de registro en el gimnasio de la escuela. Y era el deseo de cada atleta que su nombre estuviera en ella.

Tuve una participación decente en el fútbol universitario y logré romper algunos récords escolares. Recuerdo ir al gimnasio cuando me gradué de la universidad a mirar la pizarra de registro. Mi nombre se encontraba en varias categorías por los varios deportes que había jugado. En ese momento era algo grandioso.

Pero un año después cuando volví a un evento del alumnado y miré la pizarra noté que varios de mis récords habían sido rotos. Eso fue suficiente para romperme el corazón. Cuando volví, años más tarde, la pizarra ya ni existía. No mucho después la escuela también dejó de existir. La estocada final a mi gloria como atleta llegó en 1971, cuando un terremoto sacudió mi trofeo de fútbol del estante y se quebró sin que pudiera repararse. Mi esposa, Patricia, barrió los pedazos y sin ninguna ceremonia los tiró a la basura.

Los logros terrenales son pasajeros y transitorios. Aun así los atletas están dispuestos a hacer sacrificios a largo plazo y asombrosos para lograr obtener ese galardón.

Pablo dijo que si un atleta mundano estaba dispuesto a disciplinarse para ganar una corona de pino, ¿qué mejor sería para obtener una corona incorruptible (v. 25) una que es «incorruptible, incontaminada e inmarcesible»? (1 Pedro 1.4).

Pablo describió su propia búsqueda por el galardón en Filipenses 3.13-14: «Hermanos, yo mismo no pretendo haberlo ya alcanzado; pero una cosa hago: olvidando ciertamente lo que queda atrás, y extendiéndome a lo que está delante, prosigo a la meta, al premio del supremo llamamiento de Dios en Cristo Jesús». La carrera no había acabado. Él no había logrado todavía por lo que estaba luchando. Él no estaba determinado con una parte del premio. Mirar atrás o a los lados sólo lo retrasaría innecesariamente. Por eso, mantenía su objetivo en la mira y se esforzaba por llegar al premio. Eso es lo que cada corredor debe hacer.

Durante la universidad participé en los relevos de una milla. Una de las carreras más importantes de ese año vino al condado de Orange. Había alrededor de treinta y cinco universidades representadas, y nuestro equipo llegó hasta las finales.

Era un equipo de cuatro hombres. El primero necesitaba ser un corredor fuerte. Su papel era alcanzar el liderato lo más pronto posible. El segundo era el menos estratégico. Si perdía la ventaja, tenía dos corredores más que podían intentar recuperarla. Así que el tercer y el cuarto corredor debían ser rápidos y aguantadores. Esencialmente yo era un jugador de fútbol que añadieron para que participara en el equipo de pista, así que me pusieron en el segundo puesto.

En esa carrera en particular, el primer hombre hizo una gran carrera y me dio el testigo con un pase perfecto. Hice la carrera de mi vida y logré terminar mi vuelta en primer lugar. Le pasé el testigo al tercer atleta, que empezó como líder de la vuelta. Nuestro cuarto hombre era invencible, y por eso en ese punto parecía que habíamos ganado la carrera. Pero cuando el tercer hombre estaba dando su vuelta, súbitamente bajó la velocidad, se detuvo saliéndose de la pista y se sentó en la grama. La carrera continuó. Por supuesto nosotros quedamos fuera. Yo estaba horrorizado igual que los demás en mi equipo. Pensamos que nuestro tercer hombre tuvo un calambre o algo así.

Corrimos por la grama hasta donde él estaba sentado y le preguntamos qué había pasado. Nunca olvidaré su respuesta: «No lo sé, sólo se me quitaron las ganas de correr».

Debo confesar que mis pensamientos fueron muy carnales en ese momento. Estábamos listos para aniquilarlo. ¡Queríamos ganar! Habíamos fijado nuestra mirada en el premio. Estaba al alcance. ¿Cómo alguien que había entrenado para la carrera decidió en ese momento que no sentía ganas de correr más y hacer que todo el equipo y la escuela perdieran? Obviamente no era un líder.

He observado a través de los años que todos los líderes talentosos tienen un deseo innato de ganar. Aquellos que no tienen ese instinto ganador no se convierten en líderes eficaces.

Pero si vamos a ganar esta carrera, hay un precio que pagar, o si no quedaremos descalificados.

ENTRENE PARA LA COMPETENCIA

El precio de la victoria es la disciplina. Esto significa autocontrol, sacrificio y esfuerzo. Los atletas en la época de Pablo se esforzaban para participar en la competencia. Para participar en los Juegos del Istmo, tenían que comprobar que habían hecho un entrenamiento completo de diez meses. Treinta días antes del evento, entrenaban juntos diariamente a la vista del público. Seguían un régimen de ejercicio y de disciplina que eliminaba a muchos y sólo quedaban los más consagrados.

En ese entonces, igual que ahora, para ser un atleta de clase mundial debía haber un compromiso serio. Precisamente eso era lo que Pablo utilizó para representar la disciplina que un líder del pueblo de Dios necesitaba. Para él eso no era juego. Él era más disciplinado que cualquier atleta de pista y campo. Él quería ganar una carrera que tenía mayor significado que cualquier deporte. Por lo tanto requería más diligencia y disciplina.

«Todo aquel que lucha, de todo se abstiene», dijo Pablo en 1 Corintios 9.25.

Uno no puede romper un régimen de entrenamiento y ganar. Eso es cierto no solamente en los eventos atléticos. Es cierto en todo. Especialmente en el liderazgo.

El éxito genuino siempre tiene un gran precio. Todo atleta lo sabe. Es por eso que regulan su sueño, lo que comen y el ejercicio que hacen. No es un esfuerzo de medio tiempo. Para aquellos que quieren sobresalir, es una responsabilidad constante e interminable.

La disciplina tiene que convertirse en una pasión. No es simplemente cuestión de hacer lo que es obligatorio o evitar lo que es prohibido. Involucra negarse a sí mismo de manera voluntaria. El atleta tiene todo el derecho de comer una gran cena antes de correr los 100 metros planos. Es un privilegio. Pero no sería lo más sabio. Y si no sacrifica ese derecho, no va a ganar.

Pablo comenzó 1 Corintios 9 enfatizando este punto. Él tenía todo el derecho de ser apoyado financieramente por las personas a las que ministraba (vv. 1-15).

Por amor a ellos hizo a un lado ese derecho (vv. 12, 15), escogiendo mantenerse a sí mismo haciendo tiendas mientras que vivía con ellos (Hechos 18.3).

«¿Cuál, pues, es mi galardón? Que predicando el evangelio, presente gratuitamente el evangelio de Cristo, para no abusar de mi derecho en el evangelio» (1 Corintios 9.18). Pablo dijo: «Todo me es lícito, pero no todo conviene; todo me es lícito, pero no todo edifica» (1 Corintios 10.23). Renunció voluntariamente a sus derechos apostólicos por amor a los corintios.

Ellos, por otro lado, estaban tan preocupados reclamando sus propios derechos que se demandaban unos a otros en los tribunales seculares (6.1-7). Estaban difamando en la Cena del Señor por tratar de competir para ver quién sería el primero y quién comía más (11.21). Estaban tan ocupados buscando sus derechos que se estaban perdiendo el galardón. Estaban destruyendo su testimonio y fragmentando la comunión de la iglesia. Prácticamente cada problema de esta reflejaba una falta de disciplina, una inhabilidad para controlarse a sí mismos y no estaban dispuestos a ceder sus propios derechos.

Necesitaban desesperadamente seguir el ejemplo de Pablo y mostrar un poco de autocontrol. Después de todo, si los atletas pueden disciplinarse a sí mismos por causa de un premio corruptible, los cristianos ciertamente deberían estar dispuestos a hacer lo mismo por una «corona incorruptible» (9.25). La disciplina nos enseña a operar por principios más que por deseos. Decir no a nuestros impulsos (aun a aquellos que no son inherentemente pecaminosos) nos hace controlar nuestros apetitos en vez de que ellos nos controlen a nosotros. Ello desecha la lascivia y permite la verdad, la virtud y la integridad, para que gobierne nuestras mentes.

Pertenecemos a una sociedad indisciplinada. El mundo en que vivimos ha entronado la noción de los derechos personales y considerado el refrenarse como algo malo. Pero aun en tal cultura, los que llegan al liderazgo usualmente son aquellos que practican una medida de autocontrol.

¿Cómo puede un líder desarrollar la autodisciplina en un mundo indisciplinado?

Con el paso apresurado de la vida moderna y las capas de complejidad que han sido añadidas a la vida por las muchas «conveniencias» modernas, ¿es posible disciplinarse como líder?

Estoy convencido de que sí se puede y he encontrado algunas sugerencias prácticas que pueden ser muy útiles para desarrollar la autodisciplina. Cuando me piden que hable a los líderes acerca de liderazgo y la autodisciplina con frecuencia doy esta lista:

Sea organizado

Comience donde se encuentra. Limpie su cuarto. Ordene su escritorio. Guarde las cosas que están fuera de su lugar y tire las cosas que no son útiles. Haga que su ambiente se vea ordenado.

Haga una lista de prioridades y póngalas en orden. Luego ajuste su tiempo para que pueda realizar todo. Empiece con lo más difícil y lo menos deseable para que lo pueda hacer cuando tenga más energía. Divida las tareas complejas en pasos pequeños y ponga un horario para cada fase del proceso.

Los organizadores personales son muy útiles, sean los administradores de información personal computarizada o las simples agendas o calendarios. Utilice lo que prefiera (hasta pedazos de papel), pero manténgalo en un lugar y siga su plan.

Si no tiene control de su tiempo, no lo tendrá de ningún aspecto de su vida. Y si no opera deliberadamente en un horario que haya planeado su vida será gobernada por crisis y personas problemáticas. Usted no puede ser un líder efectivo si siempre está a merced de las cosas que están fuera de su control.

Utilice el tiempo sabiamente

Si hizo un plan para utilizar su tiempo, sígalo. No lo deje para después. Esfuércese. No pierda el tiempo. Manténgase ocupado. Sea puntual (llegar tarde a las citas es una pérdida de tiempo para las otras personas también) no permita que interrupciones innecesarias le distraigan de las prioridades verdaderas.

El epítome de la insensatez es perder el tiempo. Pablo escribió: «Mirad, pues, con diligencia cómo andéis, no como necios sino como sabios, aprovechando bien el tiempo, porque los días son malos» (Efesios 5.15-16). No he conocido a nadie que habitualmente pierda el tiempo y aun así se mantenga organizado.

Por supuesto, usted necesita tiempo libre también. Jesús mismo reconoció que el descanso es esencial (Marcos 6.31). Sea organizado y disciplinado en esa área de su vida también.

Encuentre maneras de edificarse más que de entretenerse

Cuando tenga tiempo para descansar y relajarse, haga cosas que alimenten su alma más que los apetitos carnales. Escuche buenos sermones. Encuentre música que ennoblezca y edifique en vez de vanidad e insensatez. Lea un buen libro. Desarrolle un entretenimiento que tenga valor verdadero. Tenga una conversación edificante con alguien que aprecie.

Este es un componente clave de la verdadera piedad: entréguele su vida privada a Dios. Dedique su tiempo libre *especialmente* a la tarea de cultivar la humildad, el arrepentimiento, la santidad y el temor a Dios.

Ponga atención a los pequeños detalles

Si va a ser disciplinado, necesita desarrollar el hábito de poner las cosas en su lugar. Cuando vea un marco de un cuadro que está torcido, enderécelo. Cuando vea una mala hierba, córtela. Cuando vea algo fuera de lugar, sin importar lo insignificante que sea, póngalo en su sitio.

Los detalles con frecuencia son importantes. Jesús dijo una parábola en la cual el amo elogiaba al siervo que era «fiel en lo poco» (Lucas 19.17). La falta de disciplina en las cosas pequeñas con frecuencia causa fracaso en las grandes también. Tal como nos recuerda aquel refrán que dice: Perdió lo más por lo menos. De igual manera en mi experiencia, aquellos que son fieles en las cosas pequeñas son las mismas personas que también son disciplinados en cosas más importantes.

Acepte más responsabilidad

Cuando vea algo que necesita hacerse, hágalo voluntariamente. Satisfaga las necesidades de los demás cuando pueda. Muéstrese a sí mismo como un líder ingenioso. Busque maneras de usar sus talentos y recursos para el bienestar de los demás. Eso le ayudará a enfocar su energía. También a cultivar un corazón de siervo.

Quizás haya escuchado el viejo adagio: «Si quiere que algo se realice, pídaselo a alguien que esté ocupado». Lo que sucede es que la gente trabajadora es la que hace las cosas. El letargo engendra una vida desorganizada e indisciplinada.

Una vez que comience algo, termínelo

Si tiene el hábito de comenzar proyectos que nunca acaba, esa es una muestra de una vida indisciplinada. Eso tiene que ver con el asunto del planeamiento. Una buena organización implica pensar en el costo. Jesús dijo que era absurdo comenzar algo y no terminarlo (Lucas 14.28-32). ¿Por qué multiplicar proyectos cuando uno no termina lo que ha empezado? Un hábito así pronto socavará la confianza de las personas en usted como líder.

Mantenga su palabra

No diga que va a hacer algo que no puede y no prometa algo que no pueda cumplir. Jesús dijo: «Pero sea vuestro hablar: Sí, sí; no, no» (Mateo 5.37).

En otras palabras, su palabra es su voto. Y la Escritura dice: «Cuando haces voto a Jehová tu Dios, no tardes en pagarlo; porque ciertamente lo demandará Jehová tu Dios de ti, y sería pecado en ti. Mas cuando te abstengas de prometer, no habrá en ti pecado. Pero lo que hubiere salido de tus labios, lo guardarás y lo cumplirás, conforme lo prometiste a Jehová tu Dios, pagando la ofrenda voluntaria que prometiste con tu boca» (Deuteronomio 23.21-23).

Una persona que no mantiene su palabra invariablemente será indisciplinada el resto de su vida.

De vez en cuando dígase no

Controle sus propios apetitos negándose a los placeres que pueda tener. No coma postre. Vaya a caminar en lugar de tomar una siesta. Haga algo por su cónyuge en lugar de hacerlo por usted mismo.

Esa clase de negación precisamente es lo que Pablo describía en 1 Corintios 9.27: «sino que golpeo mi cuerpo». Pablo utilizó una expresión griega que literalmente significa «golpear bajo los ojos».

En términos figurativos, estaba diciendo que convertía su cuerpo en un saco de arena de tal forma que pudiera cultivar la disciplina.

Observe que pintó esa imagen de autodisciplina en términos atléticos vívidos. Él escribió: «Así que, yo de esta manera corro, no como a la ventura» (v. 26). Pablo sabía dónde estaba la meta. Dónde estaban los límites. Por eso corría hacia el galardón con una determinación absoluta. Un corredor sin meta o sin límites correrá sin sentido. El líder cristiano debe mantener fija la meta y correr con persistencia con toda su energía.

Esto, a propósito, es otro principio integral del liderazgo. Es un compañero perfecto al principio de la disciplina: *El líder es enérgico*.

No he conocido a un líder eficaz que sea perezoso o haragán. Los líderes deben ser ingeniosos y diligentes. Esto va mano a mano con muchos de los principios que hemos subrayado hasta ahora. Es un prerrequisito para la iniciativa, el entusiasmo, la decisión y la resistencia necesarios en el liderazgo.

El líder, como cualquier buen atleta, no puede salirse de la carrera a la mitad. Debe presionar hacia la meta. De hecho, como lo sabe cualquier atleta, a menudo debemos presionar aunque haya dolor, a pesar del cansancio, sin importar la lesión, en contra de la oposición y en medio de toda clase de pruebas. Aunque a veces parezca drenar cada onza de

> *Principio de liderazgo # 24:*
> **EL LÍDER ES ENÉRGICO.**

energía de la reserva humana, el éxito del esfuerzo reabastece al espíritu.

El buen líder, al igual que un buen atleta, a veces tiene que buscar dentro de sí y encontrar la forma de persistir cuando la perseverancia parece imposible: «Todo lo puedo en Cristo que me fortalece» (Filipenses 4.13). Por eso él podía decir: «Sé vivir humildemente, y sé tener abundancia; en todo y por todo estoy enseñado, así para estar saciado como para tener hambre, así para tener abundancia como para padecer necesidad» (v. 12). Él se había disciplinado para correr y perseverar en medio de las dificultades de tal forma que pudiera alcanzar el premio.

Aquí Pablo agregaba otra metáfora a mitad del versículo. Él no sólo era un corredor; también era boxeador: «Así que, yo de esta manera corro, no como a la ventura; de esta manera peleo, no como quien golpea el aire» (1 Corintios 9.26). Observe que él no estaba boxeando con la sombra ni tampoco era un aprendiz. Él se encontraba en una pelea de verdad. *Aunque* estaba corriendo, también estaba peleando. Tenía un oponente al que debía seguir golpeando, porque si no este lo sacaría de la pista.

Este oponente, recuerde, era su propia carne; en otras palabras, las tendencias pecaminosas que con frecuencia se asocian a los apetitos corporales y a los deseos carnales. Ahora sabemos por qué utilizaba su propio cuerpo como saco de arena. De otra forma, su propia carne haría que él perdiera la carrera. Él estaba corriendo para ganar y boxeando para no perder. En términos positivos, estaba cultivando la disciplina de la rudeza mental para que sus ojos estuvieran fijos en el premio y sus pies se movieran en la dirección correcta. En otros términos, estaba cultivando la disciplina del autocontrol para poder detener a su carne de modo que no le hiciera perder la carrera.

Todo atleta sabe cómo es esta lucha. Todo buen atleta debe mantener su cuerpo bajo control. No puede tener sobrepeso ni perder la salud. Cuida su cuerpo, se ejercita para mantenerse en forma y se esfuerza para desarrollar músculos. Se mantiene en control de su cuerpo.

La mayoría de las personas, en contraste, son dominadas por sus cuerpos. Estos les dicen a sus mentes lo que deben hacer. «Dame más alimento. No me hagas trabajar tanto. Dame placer. Dame descanso». Es por eso que el principio del pecado se llama «la carne» en todas las epístolas paulinas. El cuerpo en sí no es malo, sino mas bien los malos deseos que se asocian frecuentemente con él. Por eso Pablo dijo que necesitábamos «hacer morir las obras de la carne» (Romanos 8.13) y «crucificar la carne con sus pasiones y deseos» (Gálatas 5.24).

El atleta sabe dos cosas: primero sabe cómo someter su cuerpo; y, segundo, tiene la rudeza mental para seguir buscando la meta. Pablo estaba diciendo que lo que hace a un gran atleta es la misma disciplina que se necesita para ser un líder eficaz.

Pero, dijo, que era una disciplina constante. Si se rinde o abandona la carrera antes de llegar a la meta, todo habrá acabado. Por eso debemos perseverar (Filipenses 3.13-14) y correr con resistencia (Hebreos 12.1)

TERMINE LA CARRERA

Para Pablo, la pasión de *concluir* la carrera bien siempre estuvo en sus pensamientos. Él les dijo a los ancianos efesios: «Me esperan prisiones y tribulaciones. Pero de ninguna cosa hago caso, ni estimo preciosa mi vida para mí mismo, con tal que acabe mi carrera con gozo» (Hechos 20.23-24). Cuando les escribió a las iglesias en Galacia, les reprendió con estas palabras: «Vosotros corríais bien; ¿quién os estorbó para no obedecer a la verdad?» (Gálatas 5.7) También les dijo cómo había defendido el evangelio «y para no correr o haber corrido en vano». Estimuló a los filipenses a que se apegaran a la Palabra de vida «para que en el día de Cristo yo pueda gloriarme de que no he corrido en vano, ni en vano he trabajado» (Filipenses 2.16). Le recordó a Timoteo que «también el que lucha como atleta, no es coronado si no lucha legítimamente» (2 Timoteo 2.5).

Y aquí en 1 Corintios 9, Pablo explicó que esto era lo que lo motivaba a tener una autodisciplina cuidadosa, «no sea que habiendo sido heraldo para otros, yo mismo venga a ser eliminado» (v. 27). Eso es cierto para cualquier líder, no sólo para los predicadores. La mayor ironía es un líder que se descalifica a sí mismo después de haber buscado influir en los demás. Pablo extrae esta metáfora de la descalificación de los Juegos del Istmo. Cuando los juegos comenzaban, un heraldo entraba en el estadio con gran pomposidad. Una trompeta sonaba para llamar la atención de todos. Luego el heraldo se paraba en la plataforma. Anunciaba la competencia, leía los nombres de los participantes y proclamaba las reglas. Por supuesto, estas eran absolutas. Cualquier infracción significaba la descalificación inmediata.

Pablo dijo que no quería ser esa persona que proclamaba las reglas pero que se descalificaba *a sí mismo* violándolas.

Hay una gran cantidad de líderes cristianos que han hecho eso precisamente. Parecen comenzar bien y algunos hasta muestran señas de excelencia por un tiempo. Pero no acaban bien. Dejan que su propia carne se entrometa y quedan descalificados, aunque hayan predicado a otros. Algunos abandonan la carrera porque prefieren una vida de facilidad en comparación a las luchas del liderazgo. Otros son enviados a la banca por la divina Providencia. Muchos son avergonzados públicamente después de dañar la causa de Cristo de manera reprensible. Casi siempre quedan descalificados por su propia falta de disciplina.

Pablo no quería que eso le sucediera a él. De hecho, su deseo de terminar bien se hizo una obsesión en su vida. Él quería ganar la carrera para la gloria y el honor de Cristo.

Y *acabó* bien. Vivió una vida triunfante a pesar de todas sus pruebas. Fue decapitado por órdenes de Nerón en el camino Ostio, cerca de Roma. Pablo sabía que su martirio era inminente y poco antes de morir, escribió este clásico discurso de despedida a su discípulo Timoteo:

Porque yo ya estoy para ser sacrificado, y el tiempo de mi partida está cercano. He peleado la buena batalla, he acabado la carrera, he guardado la fe. Por lo demás, me está guardada la corona de justicia, la cual me dará el Señor, juez justo, en aquel día; y no sólo a mí, sino también a todos los que aman su venida (2 Timoteo 4.6-8).

Que ese sea nuestro legado también.

Capítulo once

———

¿QUIÉN PUEDE DIRIGIR?

S iendo fieles al Nuevo Testamento, debemos reconocer que el Señor ha establecido líderes en su iglesia: pastores y ancianos. Ellos son los ejemplos de liderazgo espiritual para todo el pueblo, si no son líderes ejemplares, algo anda muy mal.

Las calificaciones para los ancianos y los líderes de la iglesia no son *sólo* para ellos. Esas cualidades son dadas especialmente para ellos porque son el patrón para todos: «Y será el pueblo como el sacerdote» (Oseas 4.9). Los pastores y los ancianos deben ser el modelo para todos los cristianos. Y todos los que aplican a los líderes de la iglesia también son buenos principios que cada cristiano en cualquier posición de liderazgo debe emplear. Por eso debemos observar lo que Dios requiere en esos líderes modelo para que podamos saber lo que se requiere de cada dirigente.

Comenzamos el capítulo 1 de este libro observando que la sociedad moderna está sufriendo de una falta severa de verdaderos líderes. El problema está relacionado con el declive moral dramático que sistemáticamente está devorando las fundaciones de nuestra cultura desde (al menos) los años sesenta.

La sociedad occidental ya no valora el *carácter*, la integridad, la decencia, el honor, la lealtad, la certeza, la pureza y otras virtudes. Una mirada a un programa de televisión actual nos muestra lo que el mundo piensa de esas cualidades. Han sido derrotadas. En su lugar la sociedad moderna ha colocado nuevos valores diferentes: El egoísmo, la rebelión, la rudeza, las malas palabras, la irreverencia, el libertinaje, el mal temperamento y casi toda clase de decadencia. No es de extrañarse que la integridad sea tan difícil de encontrar.

Tristemente, por ejemplo, lo que es cierto en el mundo también lo es en la iglesia. No es un secreto. Recientemente estaba mirando un catálogo de una empresa de libros cristianos y noté que había una gran cantidad de títulos que han sido publicados en la pasada década que tratan con la crisis de identidad en el liderazgo cristiano. La portada del catálogo presentaba la mitad de su página con libros acerca del tema. Es claro que existe un sentimiento amplio entre los cristianos de que el fracaso es epidémico entre los líderes.

Algunos segmentos de la iglesia visible parecen rendirse buscando hombres de integridad que los dirijan. Recientemente leí un artículo en el periódico secular acerca de un pastor reconocido que renunció debido a la presión de su impropiedad moral y financiera cuando salió en la primera plana del periódico de su comunidad.

Cuatrocientas personas de su iglesia se fueron y comenzaron una nueva congregación para que así pudieran invitarlo para que fuera su pastor de nuevo. Ellos dijeron que les encantaba el hecho de que él era «humano». Una mujer dijo que ese escándalo lo había capacitado para ser un mejor pastor.

Esta no es una situación única. Hace unos años, otro prominente pastor que dejó su iglesia después de un sórdido escándalo sexual fue contratado inmediatamente por una de las iglesias más grandes del país para que sea parte de su personal de profesores. Dos semanas después de que el escándalo se convirtiera en noticia nacional, ese pastor estaba predicando en el púlpito de esa megaiglesia.

Los parámetros mundanos gradualmente se están introduciendo en la iglesia. El sentimiento prevaleciente de la comunidad cristiana en la actualidad es que nadie realmente está descalificado del liderazgo cristiano, sino que aquel líder que está dispuesto a dar muestra pública de su remordimiento *debe* ser restaurado a una posición de prominencia tan pronto como sea posible. Esto significa que en algunos círculos, la inmoralidad sexual y la infidelidad marital no se ven como pecados que descalifican a un pastor para seguir ejerciendo su pastorado. Conozco hombres que han llevado a sus iglesias por la peor clase de escándalo público sin perder una sola semana de predicar en el púlpito. Otros se toman un tiempo para «rehabilitarse» y para recibir «consejería» pero luego vuelven a su papel de liderazgo. Tristemente, esto se ha vuelto algo común, porque muchas iglesias han reaccionado a esa crisis de liderazgo bajando las expectativas de sus líderes.

¡Cómo hemos caído del estándar del Nuevo Testamento! Observe que en cada lista que el apóstol Pablo dio a los líderes de las iglesias, la calificación primaria y más indispensable para los hombres en el liderazgo es que fueran «irreprensibles» (1 Timoteo 3.2, 10; Tito 1.6-7). Pablo empleó una palabra en griego que significa «por encima del reproche», sin culpa, sin mancha. Literalmente, significa: «que no está sujeto a acusación». El término no habla de no tener pecado, si no nadie calificaría (1 Juan 1.8). No se descalifica a una persona para el liderazgo por pecados cometidos antes de la conversión o Pablo mismo hubiera quedado descalificado (1 Timoteo 1.12-16). Más bien describe a una persona cuyo testimonio cristiano está exento de escándalo, alguien que es recto, de buen carácter y sin ninguna mancha moral. Dicho sencillamente, significa que los líderes deben tener una reputación de integridad intachable.

La iglesia primitiva tenía a los líderes en la más alta moral y parámetro ético. No hay lugar más claro en la Escritura que Hechos 6 donde Lucas registró cómo los primeros líderes fueron escogidos por sus propios compañeros para ayudar en la obra de los apóstoles.

Por supuesto, Cristo mismo ya había escogido a los apóstoles (Juan 15.16). Pero recuerde que en Pentecostés, tres mil personas se añadieron a la iglesia (Hechos 2.41). Otros cinco mil hombres (y presumiblemente muchos más de sus familias) se agregaron en Hechos 4.4. Ya que sabemos que muchos se añadían a la iglesia diariamente; parece que la de Jerusalén creció muy rápidamente para incluir al menos a diez mil creyentes (probablemente el doble). Obviamente, el tiempo llegó cuando las responsabilidades de liderazgo en la iglesia eran mayores que lo que los doce apóstoles podían manejar.

Alguien dijo una vez que los cristianos se vuelven anticristianos cuando se organizan. A veces es cierto. Pero Hechos 6 revela cómo se *deben* hacer las cosas en la iglesia.

Obviamente la iglesia primitiva estaba causando un gran impacto en la comunidad judía de Jerusalén. Multitudes venían a la fe de Jesucristo. Un asombroso espíritu de amor y armonía existía entre los cristianos. Ya que muchos en la Jerusalén del primer siglo eran transeúntes, la comunidad de creyentes "todos los que habían creído estaban juntos, y tenían en común todas las cosas; y vendían sus propiedades y sus bienes, y lo repartían a todos según la necesidad de cada uno. Y perseverando unánimes cada día en el templo, y partiendo el pan en las casas, comían juntos con alegría y sencillez de corazón" (Hechos 2.44-46)

El primer indicio de una controversia en la iglesia sucede en Hechos 6.1, donde Lucas escribió: «En aquellos días, como creciera el número de los discípulos, hubo murmuración de los *griegos* contra los *hebreos*, de que las viudas de aquellos eran desatendidas en la distribución diaria».

Había dos grupos de personas en la iglesia primitiva. Como esta comenzó en Jerusalén, prácticamente todos los primeros creyentes eran judíos, algunos eran hebreos y algunos helenistas. Los primeros hablaban arameo, un derivado del hebreo. La mayoría de ellos eran judíos de nacimiento.

Los helenistas eran judíos que habían adoptado el idioma y el estilo de vida griego. La mayoría eran de Asia Menor, África del Norte y varios lugares del Imperio Romano. Pero se mantenían leales a la religión judía y volvían en masa a Jerusalén cada año en la temporada de la Pascua y del Pentecostés.

Muchos de los que se habían convertido por la predicación de Pedro durante Pentecostés eran helenistas. Muchos aparentemente se quedaron en Jerusalén para ser parte de la comunidad cristiana. Una de las razones prácticas por las que la iglesia primitiva se preocupaba por su gente y compartían como cuerpo era la necesidad de satisfacer las necesidades de esa masiva comunidad inmigrante.

Obviamente, con tantos creyentes de esos dos mayores segmentos culturales, la gente tendía a asociarse con el grupo que hablaba su propio idioma. Además los hebreos habían llegado a sospechar un poco de los helenistas porque creían que se habían contaminado con una cultura extranjera.

El apóstol Pablo dijo que en su vida anterior, una de las cosas en las que se vanagloriaba era de que era un «hebreo de hebreos» (Filipenses 3.5), no un helenista. Aunque había nacido en Tarso, en Cicilia (una nación gentil), fue traído a Jerusalén, a los pies de Gamaliel, un fariseo estricto y un rabino hebreo. Los hebreos tendían a pensar que los helenistas no eran verdaderos judíos, porque no se habían mantenido leales a las tradiciones de Israel. Y por eso es que esa fricción cultural era un conflicto en potencia.

«La distribución diaria» se refería a la práctica de los apóstoles de entregar alimento, dinero y otros recursos a aquellos en necesidad (Hechos 4.35), especialmente a las viudas. Los judíos griegos eran sin duda la minoría y Lucas dice que algunos empezaron a sentir que las necesidades de sus viudas estaban siendo ignoradas.

Obviamente, una queja como esa puede fácilmente convertirse en la copa que derrama el vaso y provocar que la iglesia se dividiera. Tal como cualquier líder lo puede atestiguar, sin importar lo simple que una murmuración pueda verse, siempre tiene el potencial de convertirse en un gran problema. En este caso, es probable que algunas viudas griegas pudieran haber sido ignoradas. Obviamente no era intencional, pero la situación necesitaba corregirse.

Los apóstoles respondieron rápidamente. Lucas describió lo que sucedió.

Entonces los doce convocaron a la multitud de los discípulos, y dijeron: No es justo que nosotros dejemos la palabra de Dios, para servir a las mesas. Buscad, pues, hermanos, de entre vosotros a siete varones de buen testimonio, llenos del Espíritu Santo y de sabiduría, a quienes encarguemos de este trabajo. Y nosotros persistiremos en la oración y en el ministerio de la palabra. Agradó la propuesta a toda la multitud; y eligieron a Esteban, varón lleno de fe y del Espíritu Santo, a Felipe, a Prócoro, a Nicanor, a Timón, a Parmenas, y a Nicolás prosélito de Antioquía; a los cuales presentaron ante los apóstoles, quienes, orando, les impusieron las manos. Y crecía la palabra del Señor, y el número de los discípulos se multiplicaba grandemente en Jerusalén; también muchos de los sacerdotes obedecían a la fe (Hechos 6.2-7).

La iglesia había crecido demasiado para los doce líderes. Una comunidad tan grande necesitaba más supervisión y organización. Y es por eso que los apóstoles propusieron un plan para que la iglesia eligiera hombres piadosos con una reputación sobresaliente para que les ayudaran a «servir las mesas», refiriéndose a que esos hombres se dedicarían a supervisar la distribución de los alimentos y los fondos para aquellos en necesidad.

Siete hombres fueron escogidos para que sirvieran en un papel de liderazgo subordinado. Fueron elegidos para servir, lo cual es generalmente el papel de un diácono y por esa razón, los comentaristas se refieren a ellos como los primeros diáconos. Pero note que el texto no los llama diáconos. Al menos dos de ellos, Esteban y Felipe, también eran predicadores, lo cual es un papel que se asocia más con ancianos que con diáconos (1 Timoteo 3.2; Tito 1.9). Por supuesto, tampoco se les llama ancianos. Esta era una etapa muy prematura en la iglesia y estos oficios todavía no existían. Cuando el apóstol Pablo hizo una lista de las calificaciones de los diáconos y de los ancianos en 1 Timoteo 3, la única diferencia significativa entre los dos oficios era que los ancianos debían tener el don de la enseñanza.

A los ancianos se les da la autoridad de enseñar en la iglesia y los diáconos sirven bajo el mando de ellos en función de apoyo, muy parecido a la forma en que los siete hombres de Hechos 6 fueron elegidos debajo de los apóstoles.

En muchas iglesias, el diaconado es más o menos un entrenamiento para los ancianos. Es común en la iglesia que pastoreo que los diáconos se vuelvan ancianos al ir desarrollando su habilidad en la enseñanza y en el manejo de la Palabra. Ese proceso comenzó aquí en Hechos 6. Estos hombres demostraban su fidelidad en el servicio, al menos algunos de ellos como Felipe y Esteban, y desarrollaban habilidades como maestros. Sin duda, algunos de ellos tomaron papeles de liderazgo superiores cuando los apóstoles fueron martirizados o se mudaron para llevar el evangelio a las partes más remotas de la tierra. Al probar su fidelidad y asumir papeles superiores de liderazgo, otros nuevos líderes siervos eran escogidos para trabajar con ellos. Más adelante, el papel de la enseñanza fue designado como oficio del anciano y el papel de siervo fue asignado a los que llamamos diáconos.

Por tanto, lo que vemos aquí son los comienzos rudimentarios de la organización de la iglesia. Las posiciones de anciano y diácono ya se presagiaban en ese evento pero todavía no estaban claramente definidas.

De este pasaje, sin embargo, aprendemos mucho de cómo la iglesia debe organizarse y qué clase de líderes deben encargarse de la supervisión. Al menos tres principios emergen que marcan el parámetro para los líderes de la iglesia. Note la *pluralidad* de liderazgo que era prescrita; la *prioridad* que el liderazgo debía reconocer como lo más importante; y el parámetro de *pureza* que se demandaba de ellos. Examinaremos cada una de estas áreas muy de cerca, porque establecen principios que aplican a los líderes espirituales de todas las clases.

PLURALIDAD

El claro patrón del Nuevo Testamento para el gobierno eclesiástico es una pluralidad de hombres ordenados por Dios que dirigen a su pueblo juntos. La iglesia no debe ser dirigida por dictadores, autócratas o gobernadores solitarios. Desde el principio, la supervisión era compartida por los doce y vemos aquí que cuando ellos eligieron líderes subordinados, trabajaban en equipo.

Cuando Pablo y Bernabé fundaron iglesias en Asia Menor, Lucas dijo que ellos «constituyeron ancianos en cada iglesia» (Hechos 14.23). Pablo de la misma manera instruyó a Tito que «establecieses ancianos en cada ciudad, así como yo te mandé» (Tito 1.5). Al final del tercer viaje misionero de Pablo «a Éfeso, hizo llamar a los ancianos de la iglesia» (Hechos 20.17). En Jerusalén, Pablo se reunió con «Santiago y todos los ancianos» (Hechos 21.18). Prácticamente cada vez que se habla de ancianos en la Escritura en conexión con la iglesia, el sustantivo es plural, indicando claramente que la norma en el Nuevo Testamento era tener múltiples ancianos que supervisaran la congregación.

Cada ministerio descrito en el Nuevo Testamento era un esfuerzo de equipo. Jesús llamó a los doce discípulos. Después de la traición de Judas y su suicidio, Matías fue escogido en su lugar (Hechos 1.16-26). Esos doce apóstoles obviamente compartieron la supervisión en la fundación y el ministerio inicial de la iglesia de Jerusalén. Cuando empezaron a llevar el evangelio a «toda Judea, Samaria y hasta lo último de la tierra» (Hechos 1.8), lo hicieron en equipo (Hechos 15.22-27; Gálatas 2.9).

Pedro y Juan dominaron juntos los primeros doce capítulos de Hechos. En el capítulo 13 el enfoque cambia a Pablo y Bernabé. Luego Bernabé se va con Marcos y Pablo se va con Silas, al final de Hechos 15. Timoteo se une a Pablo y Silas en Hechos 16. Cuando Pablo regresa a Antioquía en Hechos 18, se llevó a Aquila y a Priscila con él. Como hemos visto, Pablo se llevó a Lucas y a Aristarco en su viaje a Roma, aunque era prisionero del gobierno romano en ese tiempo. Una lista completa de los compañeros de Pablo y sus colegas misioneros ocuparía más de una página.

En otras palabras, el ministerio que muestra la Escritura nunca fue labor de un solo hombre. Eso no excluye el papel de un líder dominante en cada equipo. Dentro del marco de la pluralidad, invariablemente habrá quienes tengan mayor influencia. La diversidad de nuestros dones (1 Corintios 12.4) quiere decir que todas las personas están capacitadas de manera diferente. Por lo tanto, una pluralidad de líderes no necesita una igualdad absoluta en cada función. Y hasta en el grupo de líderes más piadosos, algunos naturalmente tendrán más influencia que otros. Algunos tendrán dones de enseñanza que opaquen a los demás. Otros tendrán dones de administración más sobresalientes. Cada uno puede cumplir un papel diferente y no hay necesidad de intentar imponer una igualdad absoluta de la función.

Los Doce, por ejemplo, siempre se nombran en un orden similar en las Escrituras (Mateo 10.2-4; Marcos 3.16-19; Lucas 6.14-16; Hechos 1.13). Parece que se dividían naturalmente en cuatro grupos. Los primeros cuatro nombres que aparecen son Pedro, Santiago, Juan y Andrés. El de Pedro siempre encabeza la lista y los otros tres aparecen en orden variado. Estos cuatro dominan las narraciones del evangelio y tres de ellos siempre aparecen con Cristo separados de los otros nueve (Mateo 17.1; Marcos 5.37; 13.3; 14.33).

El segundo grupo incluye a Felipe, Bartolomé, Tomás y Mateo. El nombre de Felipe siempre encabeza la lista, pero los otros tres no aparecen en un orden específico en otros lugares. El tercer grupo consiste de Santiago, Tadeo (o Lebeo, conocido como Judas, hijo de Santiago), Simón y Judas Iscariote. Santiago encabeza esa lista.

Cada grupo parece tener su líder no oficial. Pedro era generalmente el líder y vocero de los doce. Sus oficios y sus privilegios eran iguales, pero su influencia e importancia variaban de acuerdo con sus dones y personalidades

Nada sugiere que Pedro tuviera un oficio más alto que el de los demás. Ciertamente nunca se le representa como un papa en la Biblia. En Hechos 15.19, por ejemplo, era Santiago (el «hermano del Señor» según Gálatas 1.19, no uno de los doce) quien anunció la decisión del Concilio de Jerusalén, aunque Pedro estaba presente y testificó. Y en Antioquía, el apóstol Pablo reprendió a Pedro y le resistió «cara a cara, porque era de condenar», cuando transigió con los judíos (Gálatas 2.11). Pedro claramente no tenía una mayor autoridad ni un mayor oficio que los otros doce aunque era llanamente el líder más fuerte del grupo.

Como hemos notado, Pedro y Juan dominaban juntos los primeros capítulos de Hechos. Pero Pedro era siempre el vocero y el predicador. Juan, por supuesto, tenía la misma autoridad y (ya que vivió más tiempo) escribió más del Nuevo Testamento que Pedro, incluyendo el evangelio que lleva su nombre, tres epístolas y el Apocalipsis. Pero cuando Juan y Pedro andaban juntos, Pedro era siempre el encargado en hablar. De la misma forma, aunque Bernabé tenía obviamente dones de enseñanza notables, Pablo siempre fue el dominante de los dos.

Debe ser aparente entonces que el concepto bíblico de liderazgo en equipo no demanda una igualdad artificial o absoluta. En otras palabras, no hay nada malo en que una iglesia tenga un pastor en jefe o a un pastor maestro. Los que piensan diferente han malentendido el enfoque bíblico al liderazgo plural.

No obstante, el patrón bíblico innegable es tener múltiples ancianos, equipos de liderazgo y responsabilidad compartida, nunca el gobierno de un solo hombre. Además, el liderazgo de una pluralidad de hombres piadosos tiene varias ventajas fuertes. Proverbios 11.14 dice: «Donde no hay dirección sabia, caerá el pueblo; mas en la multitud de consejeros hay seguridad». Compartir la carga del liderazgo aumenta la responsabilidad y ayuda a asegurar que las decisiones no son egoístas.

El liderazgo de un solo hombre y el gobierno autócrata son distintivos de sectas y religiones falsas. Aunque personas como Diótrefes disfrutaban la preeminencia (3 Juan 9), no es el modelo correcto para la iglesia.

Fue apropiado que cuando los apóstoles escogieron líderes subordinados por primera vez en la iglesia de Jerusalén, seleccionaran un equipo de siete.

PRIORIDAD

La carga de la necesidad personal en la iglesia de Jerusalén creció a tal proporción que los Doce, para poder servir a todos, tuvieron que «dejar la palabra de Dios» (Hechos 6.2). En otras palabras, por pura necesidad pragmática fueron forzados a cortar el tiempo que ocupaban estudiando y proclamando las Escrituras. Aun así, no podían administrar el proceso de distribución lo suficientemente bien para que todos estuvieran felices. Necesitaban delegar la tarea a otros que pudieran supervisarla y organizar mejor el proceso. Comprendieron algo que cada líder sabio debe aceptar tarde o temprano; uno simplemente no puede hacerlo todo solo. *El líder sabe cómo delegar.*

Sencillamente no es liderazgo sabio intentar administrarlo todo. Los líderes que utilizan este enfoque invariablemente frustran a su gente por estar controlando todo y sabotean su propia efectividad enfocados en los detalles. Unas pocas cosas demandan su atención completa pero un buen liderazgo requiere que uno delegue el resto. No hay otra forma de hacer que el trabajo se realice y mantener a la misma vez atención a las prioridades. Éxodo 18.14 dice: «Viendo el suegro de Moisés todo lo que él hacía con el pueblo, dijo: ¿Qué es esto que haces tú con el pueblo? ¿Por qué te sientas tú solo, y todo el pueblo está delante de ti desde la mañana hasta la tarde?» Moisés le explicó que las personas venían a él para arreglar los problemas. «Cuando tienen asuntos, vienen a mí; y yo juzgo entre el uno y el otro, y declaro las ordenanzas de Dios y sus leyes» (v. 16).

Fue por eso que el suegro de Moisés le dijo: «No está bien lo que haces. Desfallecerás del todo, tú y también este pueblo que está contigo; porque el trabajo es demasiado pesado para ti; no podrás hacerlo tú solo. Oye ahora mi voz; yo te aconsejaré, y Dios estará contigo. Está tú por el pueblo delante de Dios, y somete tú los asuntos a Dios. Y enseña a ellos las ordenanzas y las leyes, y muéstrales el camino por donde deben andar, y lo que han de hacer. Además escoge tú de entre todo el pueblo varones de virtud, temerosos de Dios, varones de verdad, que aborrezcan la avaricia; y ponlos sobre el pueblo por jefes de millares, de centenas, de cincuenta

> *Principio de liderazgo # 25:*
> **EL LÍDER SABE CÓMO DELEGAR.**

y de diez. Ellos juzgarán al pueblo en todo tiempo; y todo asunto grave lo traerán a ti, y ellos juzgarán todo asunto pequeño. Así aliviarás la carga de sobre ti, y la llevarán ellos contigo. Si esto hicieres, y Dios te lo mandare, tú podrás sostenerte, y también todo este pueblo irá en paz a su lugar».

Y oyó Moisés la voz de su suegro, e hizo todo lo que dijo. Escogió Moisés varones de virtud de entre todo Israel, y los puso por jefes sobre el pueblo, sobre mil, sobre ciento, sobre cincuenta, y sobre diez. Y juzgaban al pueblo en todo tiempo; el asunto difícil lo traían a Moisés, y ellos juzgaban todo asunto pequeño (vv. 17-26).

Fue una estrategia sabia y Dios la bendijo.

Cuando comencé a trabajar en la Iglesia Grace Community, junté a un grupo de hombres que se reuniría conmigo los sábados por la mañana. Estudiamos los principios de liderazgo de la iglesia juntos; y comencé a delegarles asignaciones. Al ir demostrando que eran fieles al trabajo, varios de ellos se convirtieron en ancianos laicos de nuestra iglesia. Otros vieron que su ministerio se desarrolló a tal punto que empezaron a trabajar con nosotros a tiempo completo. De esa forma, durante la primera década de mi ministerio aquí, desarrollamos prácticamente todo el personal y el liderazgo de esta iglesia con los propios miembros de ella. Es así que un ministerio debe funcionar. Pastores: «perfeccionen a los santos para la obra del ministerio» (Efesios 4.12). Pablo estimuló a Timoteo para que desarrollara líderes de esa forma: «Lo que has oído de mí ante muchos testigos, esto encarga a hombres fieles que sean idóneos para enseñar también a otros» (2 Timoteo 2.2). Este es uno de los valores principales de la delegación: ayudar a capacitar a otros para dirigir. El líder que sigue ese plan reproducirá más líderes.

Cuando usted delegue actividades a los demás, recuerde delegar sólo lo que está dispuesto a entregar. Y luego déles a esas personas la libertad de fracasar. No vuelva a tomar lo que delegó. Eso les enseña que cuando fracasan necesitan aprender a tomar buenas segundas decisiones. En tanto que aprendan a hacer cosas con excelencia, usted puede delegar más y hacerlo con confianza.

¿Cómo decide usted lo que está dispuesto a delegar a los demás? Necesita tener una clara comprensión de sus prioridades. Sus propias prioridades, no las emergencias de nadie más, deben determinar lo que usted hace y lo que delega a otros. Eso fue lo que sucedió en la iglesia de Jerusalén. Lucas bosqueja de manera maravillosa la jerarquía de las prioridades que los líderes de la iglesia primitiva aceptaron. Los Doce dijeron: «No es justo que nosotros dejemos la palabra de Dios, para servir a las mesas... y nosotros persistiremos en la oración y en el ministerio de la palabra» (Hechos 6.2-4).

Observe las tres actividades principales que dominan sus energías: la oración, el ministerio de la palabra de Dios y el ministerio de servicio; en ese orden.

Esas tres actividades consumían el tiempo y los esfuerzos de los apóstoles y son el patrón para los líderes de la iglesia en la actualidad. Denota perfectamente el principal trabajo de la iglesia y por lo tanto entrega la agenda de todos los líderes de la iglesia. El orden es claro. El ministerio de siervo, aunque es crucial, no eclipsa la oración ni el ministerio de la palabra.

Ese hecho sencillo parece haberse perdido mucho en estos días. Pregúntele al comité típico de púlpito que es lo que están buscando en un pastor y prácticamente encontrará que la oración no se encuentra en la cima de las prioridades. Hasta la predicación muchas veces no recibe una prioridad alta. Someta una lista de candidatos a la iglesia típica y probablemente escogerán el candidato que sea más afable, más sociable, alguien dispuesto a hacer mucha visitación y a ser anfitrión de muchos eventos sociales más que un hombre que sea consagrado a la oración y al estudio. Otros buscarán un hombre con talentos administrativos o empresariales, porque piensan que la iglesia es un negocio secular. Las prioridades apostólicas han sido opacadas por otros negocios en muchas iglesias.

Miremos esas realidades de manera individual.

La oración

Normalmente no pensamos que la oración es un trabajo. Tendemos a pensar que es algo inactivo. Pero no lo es. La oración es esfuerzo y es el primero y más importante trabajo de todo ministerio. Todas las otras actividades del ministerio son básicamente inútiles si no son regadas con la oración.

La oración por sí misma es, después de todo, un reconocimiento implícito de la soberanía de Dios. Sabemos que no podemos cambiar los corazones de las personas y por eso oramos para que Dios lo haga. Sabemos que es Dios el que añade a su iglesia, por eso ahora oramos para que sea el Señor de la cosecha. Sabemos que «Si Jehová no edificare la casa, *en* vano trabajan los que la edifican; si Jehová no guardare la ciudad, en vano vela la guardia» (Salmo 127.1).

Podemos plantar y regar, pero ningún aspecto del ministerio puede ser fructífero a menos que Dios mismo dé el crecimiento (1 Corintios 3.6-7). Nuestros esfuerzos nunca llevarán fruto a menos que sean bendecidos por Dios. Jesús dijo: «Sin mí nada podéis hacer» (Juan 15. 5). Como eso es cierto, ¿no es obvio que todo lo que hagamos debe ser regado por la oración?

Es por eso que nuestra prioridad esencial y primera debe ser la oración. Pablo escribió: «Exhorto *ante todo*, a que se hagan rogativas, oraciones, peticiones y acciones de gracias» (1 Timoteo 2.1, énfasis añadido). Debemos «orar sin cesar» (1 Tesalonicenses 5.17). La Escritura nos enseña a orar constante y persistentemente. Pedro dijo: «Mas el fin de todas las cosas se acerca; sed, pues, sobrios, y velad en oración» (1 Pedro 4.7). Esa es la primera prioridad de nuestro trabajo.

La oración *es* esfuerzo, no hay duda de ello. Es difícil mantenerse enfocado. No es fácil interceder por los demás. Pero el líder sabio no será negligente a esa primera tarea del negocio. Nada, sin importar lo vital que parezca, es más urgente. Y, por lo tanto, no debemos permitir que algo se interponga entre la oración y un plan agotador.

Mi consejo es comenzar cada día con un tiempo específico de oración. No permita que las interrupciones o las citas le distraigan su primera prioridad. Busque al Señor cuando la mente está fresca. La oración ya es difícil sin tener que agregarle una mente fatigada. No desperdicie sus horas más brillantes haciendo cosas menos importantes. Pero tampoco limite las oraciones a las mañanas «orando en todo tiempo con toda oración y súplica en el Espíritu, y velando en ello con toda perseverancia y súplica por todos los santos» (Efesios 6.18).

El ministerio de la Palabra

Pablo le dijo a Timoteo: «Predica la palabra. Que instes a tiempo y fuera de tiempo; redarguye, reprende, exhorta con toda paciencia y doctrina» (2 Timoteo 4.2). Esta actividad, al igual que la oración, demanda esfuerzo. Dedicarse al ministerio de la Palabra significa sacar tiempo para el estudio.

Es un compromiso total: «Y nosotros *persistiremos* en la oración y en el ministerio de la palabra» (Hechos 6.4).

Eso puede ocasionalmente hacer que el pastor abandone lo que parece urgente para hacer lo que es realmente esencial. Eso puede ser difícil, porque las demandas del ministerio y el liderazgo son muy amplias. Pero esta prioridad *no debe* moverse.

Esa es la razón por la que precisamente los apóstoles vieron la necesidad de buscar líderes que los apoyaran. El tiempo de ellos se consumía con necesidades urgentes en la iglesia. Mucho de su tiempo lo ocupaban sirviendo las mesas y debido a eso estaban ignorando lo más esencial, las mayores prioridades de la oración y el ministerio de la Palabra.

Ministerio de servicio

Observe que los apóstoles no consideraron servir mesas como algo prescindible. No estaban dispuestos a que la distribución de la caridad quedara a medias. Y no estaban sugiriendo que servir las mesas era algo que ellos no deberían hacer solo porque tenían rango de apóstoles. Pero había mucho trabajo que hacer y no querían ignorar las actividades más importantes. Por eso eligieron hombres que los apoyaran, hombres que sirvieran con ellos para satisfacer esas necesidades.

De eso se trata el liderazgo de siervo. Somos siervos, dirigiendo y sirviendo a otros siervos; por lo tanto, el ministerio se convirtió en una escuela perpetua de siervos. Jesús ejemplificó esa clase de liderazgo durante su vida terrenal y siempre mantuvo el equilibrio, sin ignorar la oración ni el ministerio de la Palabra por causa de necesidades mundanas; pero aun así nunca dejó pasar las necesidades de una persona.

Los apóstoles, siguiendo el ejemplo del Señor, delegaron la supervisión de los ministerios de servicio a «siete varones de buen testimonio, llenos del Espíritu Santo y de sabiduría» (Hechos 6.3).

PUREZA

Observe que los hombres escogidos para supervisar esa importante prioridad fueron elegidos por su carácter y su reputación, no por su estatura social, su experiencia en el mundo de los negocios, sus habilidades o cualquier otro criterio que las iglesias con frecuencia utilizan actualmente para emplear a sus líderes. Un esclavo de carácter intachable está más preparado para el liderazgo espiritual que un magnate cuya integridad es dudosa. El hombre califica para este papel por lo que *es* no por lo que *hace*. La importancia debe radicar en el carácter más que en la habilidad. La pureza, no la personalidad, es el tema clave.

¿Por qué ese parámetro tan alto? Porque así como son los líderes será la gente. Los líderes espirituales ponen el ejemplo para que los demás los sigan. Tal como lo dijo Oseas: «Y será el pueblo como el sacerdote» (Oseas 4.9). Jesús dijo: «Mas todo el que fuere perfeccionado, será como su maestro» (Lucas 6.40). Las personas no irán más allá del nivel espiritual de su líder.

Los nuevos líderes, por lo tanto, eran hombres «de buen testimonio» (Hechos 6.3). Pablo dijo que los líderes en la iglesia deben tener buena reputación con los creyentes y con los incrédulos por igual (1 Timoteo 3.7).

Los hombres que escogieron para ayudar a los apóstoles también tenían que ser «llenos del Espíritu Santo y de sabiduría» (Hechos 6.3). Eso significa que debían ser *controlados* por el Espíritu Santo (Efesios 5.18) y hombres de juicio sabio y justo.

Los hombres que escogieron tenían nombres griegos, sugiriendo que eran predominantemente si no es que exclusivamente de la comunidad helenista. Nicolás era «prosélito de Antioquía» (Hechos 6.5), un gentil que se había convertido al judaísmo antes de ser cristiano. Esta era una expresión cándida de la unidad de la iglesia primitiva. Es muy probable que la mayoría en la iglesia de Jerusalén fuera hebrea y aun así reconocieron el liderazgo piadoso de los hermanos helenistas. De esa forma, una grieta se restauró y la iglesia siguió su camino con sus prioridades en orden.

Los siete hombres comparecieron ante los apóstoles, fueron ordenados formalmente y comenzaron a trabajar (v. 6). Los apóstoles volvieron a dedicar todo su tiempo a la oración y al ministerio de la Palabra. «Y crecía la palabra del Señor, y el número de los discípulos se multiplicaba grandemente en Jerusalén; también muchos de los sacerdotes obedecían a la fe» (v. 7).

El celo de la iglesia parece haberse vigorizado y su influencia ampliada por la eficiencia en la nueva organización. Después de todo, les dio a los apóstoles una nueva libertad de hacer lo que fueron llamados a hacer. Eso liberó la Palabra de Dios. No es de extrañarse que la iglesia aumentara de manera exponencial. Y el impacto del ministerio evangelístico de ella era tal que llegó hasta el templo un avivamiento que despertó entre los sacerdotes. Como resultado, muchos de los hombres que fueron fieros oponentes de Cristo durante su ministerio terrenal se convirtieron a la fe cristiana.

Todo eso destaca la importancia suprema de tener la clase correcta de líderes. El talento por sí solo no podría tener una influencia tan poderosa.

No estamos hablando de estrategias o diagramas de flujo. Hablamos de hombres de carácter que dirijan al pueblo de Dios, para que la labor del ministerio se realice a la brevedad, por la gente correcta que está dedicada a las prioridades correctas.

Hemos vuelto al punto inicial. El liderazgo es acerca del *carácter*, el honor, la decencia, la integridad, la

> *Principio de liderazgo # 26:*
> **EL LÍDER ES COMO CRISTO.**

fidelidad, la santidad, la pureza moral y otras cualidades como estas.

Todas estas virtudes pueden combinarse y resumirse en una declaración final. Esto encapsula y resume cada requisito fundamental de un verdadero líder. *El líder es como Cristo.*

El modelo perfecto de liderazgo, por supuesto es el Gran Pastor, Cristo mismo. Si eso no lo hace sentir al menos un poco indigno, usted no ha entendido el punto. Con Pablo, debemos decir: «¿Quién es suficiente?» (2 Corintios 2.16).

Ya sabemos la respuesta: «sino que nuestra competencia proviene de Dios» (3.5).

Cuarta parte

EPÍLOGO

Capítulo doce

LA MEDIDA DEL ÉXITO
DEL LÍDER

S i juzgamos el éxito basado en parámetros mundanos, algunos podrían calificar la carrera de liderazgo de Pablo como un lamentable fracaso y una decepción amarga. En los últimos días de su vida, cuando escribía Segunda de Timoteo, Lucas era prácticamente su único contacto con el mundo exterior (4.11). Pablo estaba confinado a un calabozo romano, sufriendo el frío implacable del invierno que se aproximaba (vv. 13, 21) y sin esperanza de absolución de su pena de muerte. Sufrió el desprecio sádico de sus enemigos. Fue abandonado por algunos de sus amigos más cercanos. Pero escribió: «Ya sabes esto, que me abandonaron todos los que están en Asia» (2 Timoteo 1.15).

«Asia» se refiere a Asia Menor, donde Pablo había enfocado su obra misionera. Éfeso, donde Timoteo pastoreaba, era la capital de esa región. Pablo no le estaba contando algo que él no supiera ya. En ese tiempo de feroz persecución, asociarse con Pablo era tan peligroso que la mayoría de los hijos espirituales de él lo abandonaron. Esa es la razón por la que la gente que ve las cosas de manera superficial pudiera pensar que el fin de la vida de Pablo fue trágico. A primera vista, pareciera que sus enemigos finalmente lo vencieron.

¿Un fracaso? En realidad, el apóstol Pablo no fracasó como líder en ningún aspecto. Su influencia continúa hasta la fecha. En contraste,

Nerón, el emperador corrupto y poderoso que ordenó la muerte del apóstol, es considerado una de las personas más despreciables de la historia. Esto nos recuerda que la *influencia* es la prueba del liderazgo de una persona, nunca es el poder ni la posición. De hecho, una mirada cuidadosa a la manera en que la vida y el ministerio de Pablo llegaron al final puede enseñarnos mucho acerca de cómo medir el fracaso o el éxito de un líder.

El primer largo período de cárcel y juicio ante Nerón aparentemente terminó antes del año 64 A.D. cuando fue dejado en libertad, porque escribió las epístolas de 1 Timoteo y Tito siendo un hombre libre (1 Timoteo 3.14-15; 4.13; Tito 3.12). Pero esa libertad no duró mucho tiempo. En julio del año 64, siete de los catorce distritos de Roma fueron quemados. Cuando un incendio estaba casi por extinguirse, otro fuego, impulsado por los feroces vientos, se iniciaba en otro distrito. Los rumores empezaron a circular de que el mismo Nerón había ordenado esos incendios para poder iniciar unos proyectos de construcción ambiciosos, incluyendo un palacio de oro para él.

Tratando de desviar la sospecha, Nerón culpó a los cristianos de iniciar los fuegos. Así empezó la primera de varias campañas agresivas del Imperio Romano para destruir a la iglesia. Los cristianos en Roma fueron rodeados y ejecutados en maneras terribles y crueles. Algunos fueron cocidos a pieles de animales para que después fueran destrozados por los perros salvajes. Otros fueron amarrados a estacas, cubiertos de brea y luego incinerados vivos para iluminar las fiestas de Nerón en su jardín. Muchos fueron decapitados, entregados a los leones o a cualquier otra forma cruel en que el emperador quisiera matarlos.

Durante la persecución, Pablo fue tomado prisionero nuevamente por las autoridades romanas, sujeto a persecución y tormento (2 Timoteo 4.17) y finalmente ejecutado como traidor debido a su devoción incesante al señorío de Cristo.

Durante su primer periodo encarcelado en Roma, Pablo fue puesto bajo arresto domiciliario (Hechos 28.16, 30). Se le permitía que predicara y enseñara a los que lo visitaban (v. 23). Estaba custodiado constantemente por la guardia romana, pero era tratado con respeto. La influencia de su ministerio había llegado hasta la casa del César (Filipenses 4.22).

El segundo período de Pablo, sin embargo, fue diferente. Le eliminaron prácticamente todo el contacto externo y lo mantuvieron encadenado en el calabozo (2 Timoteo 1.16). Probablemente lo tenían en una parte subterránea de la prisión mamertina, junto al foro romano, en un calabozo pequeño, oscuro, de piedra cuya única entrada era un hoyo en el techo lo suficientemente grande para que una persona pasara por allí. El calabozo en sí no era grande; aproximadamente unos cinco metros de ancho por cinco de largo. Pero a veces metían hasta cuarenta prisioneros. La incomodidad, la oscuridad, el olor y la miseria eran casi insoportables.

Ese calabozo todavía existe, yo lo he visitado. Los confines claustrofóbicos y sofocantes de ese hoyo oscuro son depresivos y misteriosos hasta el día de hoy. Fue allí (o en un calabozo como ese) donde Pablo estuvo los últimos días de su vida.

No hay un registro confiable de la ejecución, pero obviamente él sabía que su fin era inminente cuando escribió su Segunda Epístola a Timoteo. Evidentemente ya había sido enjuiciado, convicto y condenado por predicar a Cristo y quizás el día de su ejecución estuviera decidido. Él le escribió a Timoteo: «Porque yo ya estoy para ser sacrificado, y el tiempo de mi partida está cercano» (2 Timoteo 4.6).

Naturalmente, hay notas de profunda tristeza en la epístola final de Pablo. Pero el tema dominante es el triunfo, no la derrota. Pablo escribió esa última carta a Timoteo para animarlo a que fuera osado y valiente y que continuara el ejemplo aprendido de su mentor. Más que escribir una admisión de fracaso, Pablo proclama una nota de victoria: «He peleado la buena batalla, he acabado la carrera, he guardado la fe. Por lo demás, me está guardada la corona de justicia, la cual me dará el Señor, juez justo, en aquel día; y no sólo a mí, sino también a todos los que aman su venida» (2 Timoteo 4.7-8).

Esperando su propio e inminente martirio, no había temor en Pablo, ni desaliento y de todas maneras ya no tenía ningún deseo de quedarse en el mundo. Deseaba estar con Cristo y recibir la recompensa que le aguardaba.

Por lo tanto, al analizar el curso de su vida, no expresó ningún dolor ni falta de realización. Pablo se sentía completo. Ninguna tarea quedó sin terminar. Él concluyó la obra que Dios le dio, tal como esperaba hacerlo cuando escribió: «Que acabe mi carrera con gozo».

Pablo midió su propio éxito como líder, como apóstol y como cristiano bajo un solo criterio: había «mantenido la fe» mediante la fidelidad a Cristo y dado un mensaje intacto del evangelio, así como lo recibió. Proclamó la Palabra de Dios fielmente y sin temor. Y ahora le estaba entregando el bastón a Timoteo y a otros que podrían «enseñar también a otros» (2 Timoteo 2.2).

Por lo tanto, Pablo enfrentó su propia muerte con un espíritu triunfante y con un profundo gozo. Vio la gracia de Dios cumplir todo lo que ese propuso hacer por medio de él y ahora estaba listo para reunirse con Cristo cara a cara.

En la sección concluyente de Segunda de Timoteo, cuando Pablo terminaba el último capítulo de su epístola final y escribía lo que realmente importaba de su vida, lo que llenaba el corazón y la mente de ese gran líder era la gente a la que ministraba y con quienes trabajaba. Él habló de varias personas en su vida. Ellos eran el legado más visible e inmediato de su liderazgo. Aunque casi se quedó sin amigos en la prisión, aunque lo abandonaron en su defensa ante el tribunal romano, claramente *no* estaba solo.

De hecho, el verdadero carácter del liderazgo de Pablo se ve en esta lista breve de personas en las que vertió su vida. Ellos personifican el equipo que él desarrolló, la traición que enfrentó y el triunfo que finalmente obtuvo. Este catálogo de individuos nos instruye sobre la razón por la que el liderazgo de Pablo no fue un fracaso. Por eso su influencia continúa siendo un ejemplo para millones de cristianos en la actualidad.

EL EQUIPO QUE DESARROLLÓ

Lo que tenemos en el párrafo conclusivo de Segunda de Timoteo es una muestra breve de la cantidad de personas que Pablo necesitó durante su ministerio. Esto también nos recuerda que ninguno que sirve a Cristo puede hacerlo solo. No somos islas. Aun cuando el liderazgo sea a veces un llamado solitario, el verdadero líder nunca debe aislarse de su gente. Al igual que esta necesita de líderes, estos necesitan de aquella. El liderazgo, por definición, es un proceso de desarrollo de equipo. Moisés necesitaba de Aarón y de Hur para que le sostuvieran sus manos (Éxodo 17.12). Cuando David era un marginado, reunió personas que estaban afligidas, en deudas y descontentas e hizo un ejército con ellos (1 Samuel 22.2). Hasta el ministerio terrenal de Jesús estuvo dedicado a capacitar a algunos individuos y en la hora de la mayor agonía de su alma, les pidió que se mantuvieran en oración (Mateo 26.37-41).

Cuanto más cultivemos a las personas de las que dependemos y entre más aprendamos a delegar, mejor podremos dirigir. Cuanto más invierte un líder en las personas, más eficaz será en el servicio al Señor.

El mundo de los negocios modernos ilustra lo vital que son las conexiones para tener éxito en el liderazgo. El mundo mercantil depende de conexiones sofisticadas, distribuidores, agencias de gobierno, agentes de bolsa, empleados y administración. La Escritura compara a la Iglesia con un cuerpo para ilustrar este punto (1 Corintios 12.14-27). El organismo humano es quizás la demostración gráfica más visual de los nexos ya que nos movemos y vivimos en una increíble conexión de órganos, músculos, tejido, sangre y huesos que funcionan en armonía.

Pablo desarrolló una cadena de personas alrededor de él. Tenía muchas personas de quienes dependía, gente a quien delegaba responsabilidades y personas en las que confiaba. Entre ellos, unos eran fieles constantemente, otros no; algunos siguieron siendo sus amigos pese a las consecuencias y otros lo abandonaron durante las pruebas; algunos se volvieron compañeros de por vida, otros estuvieron con él por poco tiempo; unos fueron constantes, otros no; unos siempre estaban listos para servir y otros nunca lo estuvieron. Todos fueron parte de su vida y todos fueron influidos de una u otra forma por su liderazgo.

Aunque Pablo veía el hacha con que le iban a cortar su cabeza y sabía que su vida estaba por terminar, esas personas estaban en sus pensamientos. Recuerde, él escribió sus dos epístolas a Timoteo para poder pasarle el manto de liderazgo a su protegido. Y uno de los pasos vitales en ese proceso requería informarle lo que sucedía con la gente de su equipo.

En su párrafo de despedida, se oye como cuando un viejo entrenador le entrega el equipo a uno nuevo. El nuevo necesita saber dónde juega cada jugador para que inicie su parte de líder con la menor cantidad de problemas o dificultades. Pablo escribió:

> Procura venir pronto a verme, porque Demas me ha desamparado, amando este mundo, y se ha ido a Tesalónica. Crescente fue a Galacia, y Tito a Dalmacia. Sólo Lucas está conmigo. Toma a Marcos y tráele contigo, porque me es útil para el ministerio. A Tíquico lo envié a Éfeso. Trae, cuando vengas, el capote que dejé en Troas en casa de Carpo, y los libros, mayormente los pergaminos. Alejandro el calderero me ha causado muchos males; el Señor le pague conforme a sus hechos. Guárdate tú también de él, pues en gran manera se ha opuesto a nuestras palabras. En mi primera defensa ninguno estuvo a mi lado, sino que todos me desampararon; no les sea tomado en cuenta.
>
> Pero el Señor estuvo a mi lado, y me dio fuerzas, para que por mí fuese cumplida la predicación, y que todos los gentiles oyesen. Así fui librado de la boca del león. Y el Señor me librará de toda obra mala, y me preservará para su reino celestial. A él sea gloria por los siglos de los siglos. Amén.
>
> Saluda a Priscila y a Aquila, y a la casa de Onesíforo. Erasto se quedó en Corinto, y a Trófimo dejé en Mileto enfermo. Procura venir antes del invierno. Eubulo te saluda, y Pudente, Lino, Claudia y todos los hermanos. El Señor Jesucristo esté con tu espíritu. La gracia sea con vosotros. Amén (2 Timoteo 4.9-22).

Algunas de las personas que Pablo mencionó en ese pasaje eran amigos cercanos con quienes quería estar sus últimos días, por consolación mutua y para ayudarlos en el ministerio que seguiría después de su muerte. Entre ellos se incluían Timoteo, Lucas y Marcos. Algunos eran compañeros en el ministerio que mencionó simplemente para saludar y compartir su amor y su preocupación ya que eran amigos de mucho tiempo. Esto incluía a Priscila, Aquila y la familia de Onesíforo. Algunos que mencionó ya los había despedido y enviado a servir en lugares estratégicos para seguir el trabajo. Entre ellos estaban Crescente, Tito, Tíquico, Erasto y Trófimo. Mencionó algunos que enviaban sus saludos a Timoteo. Eran los fieles creyentes que vivían en Roma: Eubulo, Pudente, Lino, Claudia y otros. También mencionó a algunos que le produjeron un gran dolor: Demas, Alejandro y otros desertores anónimos.

Las personas, no los programas, estaban en el pensamiento de Pablo cuando se acercaba al fin de su vida. Las personas son más vitales y son un recurso más valioso para el líder que los puede cultivar.

Pablo tuvo el privilegio de vivir una vida que cumplía las palabras de 1 Samuel 10.26, lo cual dice de Saúl: «un grupo de hombres leales, a quienes el Señor les había movido el corazón» (NVI).

Pablo tenía un grupo de hombres y mujeres cuyos corazones los había tocado también. Él quería que Timoteo supiera quiénes eran, dónde estaban y qué estaban haciendo ahora que Timoteo iba a tomar las riendas del liderazgo. Observe a quienes mencionó, comenzando con el mismo Timoteo:

Timoteo

Pablo deseaba ver a Timoteo cara a cara una vez más. En el versículo 9 le escribió: «Procura venir pronto a verme». Pablo veía en Timoteo a «un verdadero hijo de la fe», un «hijo amado» (1 Timoteo 1.2; 2 Timoteo 1.2).

Timoteo en cierto sentido era una reproducción del apóstol y es por eso que iba a ser el heredero del manto de liderazgo de Pablo.

Escribiendo a los corintios acerca de su tremenda preocupación por ellos, Pablo le dijo en 1 Corintios 4.17: «Por esto mismo os he enviado a Timoteo, que es mi hijo amado y fiel en el Señor, el cual os recordará mi proceder en Cristo, de la manera que enseño en todas partes y en todas las iglesias». Él veía en Timoteo un clon de él mismo, una copia al carbón de su liderazgo. Confiaba en la enseñanza de Timoteo y sabía que el joven pastor enseñaría a las personas lo que él mismo enseñó. Timoteo era único en ese sentido. Pablo también escribió a los filipenses: «Espero en el Señor

Jesús enviaros pronto a Timoteo, para que yo también esté de buen ánimo al saber de vuestro estado; pues a ninguno tengo del mismo ánimo, y que tan sinceramente se interese por vosotros» (Filipenses 2.19-20). Timoteo, más que nadie, tenía el corazón de Pablo. Tenía los hábitos de Pablo, la teología de Pablo, era hijo fiel reproducido de Pablo.

Por esa razón, el apóstol, estando sentado en ese calabozo frío y oscuro, deseaba ver a su querido amigo y amado hijo en la fe. Así que comenzó Segunda de Timoteo escribiendo: «Doy gracias a Dios, al cual sirvo desde mis mayores con limpia conciencia, de que sin cesar me acuerdo de ti en mis oraciones noche y día; deseando verte, al acordarme de tus lágrimas, para llenarme de gozo» (1.3-4).

Aun cuando la obra de Pablo terminaba, había mucho trabajo que hacer en las iglesias. Sin duda, Pablo tenía mucho más que decirle a Timoteo en persona antes de que este tomara el manto de liderazgo. Había cosas que decir que no podían ser escritas en una breve epístola. Así que le pidió a su hijo fiel que viniera.

Le dijo: «*Apresúrate* a venir... *rápidamente*». Esa petición tenía un sentido de urgencia. No había mucho tiempo. Pablo sería ejecutado pronto. El invierno se acercaba (v. 21), durante ese tiempo era imposible viajar porque el mar estaba muy peligroso. Habría mucho más que decir y Pablo quería que Timoteo estuviera a su lado los más pronto posible.

La mayoría de los grandes hombres deben sus habilidades de liderazgo a la influencia de un mentor. Ellos aprenden de alguien cuyo corazón desean emular. Para Timoteo esa persona era Pablo. Y Timoteo fue el hijo número uno de Pablo en la fe. Ellos unieron sus vidas mutuamente por la gracia maravillosa de Dios y hallaron fortaleza mutua.

Uno de los momentos más especiales que tenemos como líderes en el ministerio ocurre cuando Dios nos da el privilegio de desarrollar Timoteos, esas personas que no solamente desean oír lo que decimos sino emular nuestro ejemplo. Timoteo, aunque joven, luchó con el temor y la timidez, y llegó a ser hijo fiel en todas las áreas. Al igual que Pablo, llegó a estar en prisión a causa de su fidelidad (Hebreos 13.23). Se convirtió en todo lo que Pablo esperó.

Todo verdadero líder puede agradecerle a Dios cuando por su gracia Él nos da hijos espirituales como Timoteo, reproducciones de nosotros mismos. En el mejor de los casos, mejores que nosotros, más consagrados que nosotros, más piadosos que nosotros. Y además encapsulan la visión de nuestros corazones y se comprometen a vivir para la gloria de Dios y continuar la obra que nuestras vidas se dedicaron a hacer.

Timoteo era un contraste completo con Demas, de quien hablaremos más adelante. Demas, como veremos, demostró ser infiel. Prácticamente cualquier persona que está en el liderazgo por cualquier cantidad de tiempo al fin sufrirá la decepción de un Demas. Pero almas fieles como Timoteo son la médula espinal del equipo.

Nos saltaremos a Demas por el momento, y analizaremos los siguientes dos nombres que Pablo menciona: «Crescente, que se había ido a Galacia, Tito a Dalmacia» (2 Timoteo 4.10).

Crescente

No sabemos nada de Crescente excepto por esta mención de su nombre. No piense que como Crescente se encuentra en el mismo versículo que Demas, cae en la misma categoría de infidelidad. Si ese fuera el caso, Tito también se encontraría en esa misma lista. Sabemos que Tito al igual que Timoteo era reconocido por Pablo como «un verdadero hijo de nuestra fe» (Tito 1.4). Por lo tanto, en este contexto, Pablo simplemente estaba informando cómo sus amigos estaban dispersos en varias regiones de Asia Menor. Expresamente declaró que Demas lo había abandonado. Pero no dijo eso acerca de Crescente ni de Tito.

Crescente había ido a Galacia, probablemente a instancia de Pablo mismo para cuidar de la iglesia atribulada allí. Evidentemente Crescente era un hombre capaz y confiable o Pablo nunca lo hubiera enviado a Galacia. Galacia era una región donde Pablo había laborado extensamente. Fue allí en cada uno de sus tres viajes misioneros. Cada vez que fue, hizo labor evangelística, fundó iglesias, y comenzó el proceso de desarrollar líderes.

La Epístola de Pablo a los Gálatas revela que las iglesias en esa región fueron consecuentemente atacadas por falsos maestros legalistas conocidos como *judaizantes*, que corrompieron el evangelio enseñando que la circuncisión y otras prácticas de la ley ceremonial del Antiguo Testamento eran esenciales para la salvación. La Epístola de Pablo a los Gálatas respondió a esos errores pero también reveló que la falsa enseñanza se había arraigado fuertemente en las iglesias de esa región.

El hecho de que Crescente fuese enviado a un campo misionero tan estratégico y difícil como Galacia indica probablemente que era un hombre de gran fortaleza espiritual y experiencia. Pablo confió en su liderazgo y enseñanza, además de representarlo en la región donde los falsos maestros ya habían hecho demasiado para socavar la influencia paulina.

Sin embargo Crescente es prácticamente desconocido. Sin lugar a dudas había muchos como él, trabajadores confiables que se encontraban detrás de Pablo, que nunca explícitamente fueron mencionados en la Escritura, pero «cuyos nombres se encuentran en el Libro de la Vida» (Filipenses 4.3). Hoy nadie recuerda sus nombres, pero Dios los sabe y ellos obtendrán la recompensa completa de su trabajo. Por lo tanto, Crescente representa a aquel héroe desconocido y callado que tiene una madurez y fortaleza espiritual para pararse detrás de alguien como Pablo y trabajar fielmente sin esperar galardones humanos. Le agradezco al Señor por multitudes como ellos que son talentosos, llamados por Dios y que hacen su trabajo sin importar el anonimato.

Tito

Tito, al contrario, es muy conocido. Su nombre aparece trece veces en el Nuevo Testamento. Una de las epístolas pastorales de Pablo fue escrita para él y lleva su nombre. Recuerde (como vimos en un capítulo anterior) que Tito fue quien representó a Pablo ante Corinto cuando el apóstol no pudo visitarlos. Pablo escribió de él: «Es mi compañero y colaborador para con vosotros» (2 Corintios 8.23).

Tito parecía florecer en circunstancias nuevas y desafiantes. Pablo había plantado muchas iglesias por todo el Mediterráneo y cuando se fue a la siguiente región, le entregó el liderazgo de la iglesia a alguien como Tito. Este era un capacitador, un desarrollador y un hombre que podía preparar a otros para ser líderes. De hecho, cuando Pablo escribió la Epístola a Tito, este se encontraba en la isla de Creta, donde Pablo había plantado una iglesia y la había dejado en las manos capaces de Tito. El apóstol escribió: «Por esta causa te dejé en Creta, para que corrigieses lo deficiente, y establecieses ancianos en cada ciudad, así como yo te mandé» (Tito 1.5).

Tito trabajó con Pablo por muchos años. Mantenía una relación íntima y cercana con el apóstol. Tito 3.12 indica que este dejó Creta para irse a reunir con Pablo en Nicópolis (probablemente en el noroeste de Grecia). Aparentemente fue desde allí hasta Dalmacia, al mismo tiempo que Pablo era llevado a Roma para su periodo de prisión final.

Dalmacia era parte de Ilírico, una región en la costa este del mar Adriático, al norte de Macedonia. (Dalmacia es parte de lo que ahora es Croacia o Albania.) Pablo había predicado en Ilírico según Romanos 15.19. Era exactamente la clase de ambiente donde Tito podía ir para seguir el trabajo misionero de Pablo, fortaleciendo a las iglesias y desarrollando líderes.

Toda persona que se encuentra en el servicio espiritual no necesita solamente a los ayudantes callados como Crescente, sino también a aquellos (como Tito) que pueden ocupar un lugar de prominencia. Personas como Tito son excelentes para desarrollar líderes, capacitadores, reproductores.

Lucas

El próximo nombre de la lista es Lucas, el compañero fiel y constante de Pablo. En 2 Timoteo 4.11 Pablo escribió: «Sólo Lucas está conmigo». No piense de ninguna manera que Pablo de alguna forma estaba despreciando el carácter o la importancia de Lucas. Al contrario, Lucas era uno de los colaboradores más cercanos y amados de Pablo. En Colosenses 4.14, Pablo se refiere a él como «el médico amado».

Aunque el nombre de Lucas aparece sólo tres veces en el Nuevo Testamento, es un personaje predominante en la iglesia primitiva y especialmente en el ministerio de Pablo. Escribió el evangelio que lleva su nombre, el cual es el más largo de todos. (El evangelio de Lucas tiene sólo veinticuatro capítulos y Mateo tiene veintiocho, pero Lucas tiene más versículos y más palabras que Mateo.) Lucas también escribió el libro de los Hechos. Así que cincuenta y dos capítulos del Nuevo Testamento fueron escritos por este médico fiel, que también era un historiador muy bueno. Él dio una crónica de la vida de Cristo y otra de la iglesia primitiva, todo bajo la inspiración del Espíritu Santo.

No obstante, Lucas era obviamente humilde y, por lo tanto, se contentaba con estar al lado de un gran apóstol y trabajar bajo su sombra. Era el compañero constante de Pablo, fielmente a su lado. Estaba con el apóstol durante su segundo viaje misionero a Troas y Filipo. Se unió a él al final del tercer viaje misionero y fue con él a Jerusalén. Tal como lo vimos en la primera parte de nuestro estudio, Lucas estaba con Pablo en el naufragio que se registra en Hechos 27. Se mantuvo con él durante sus prisiones. Se habla de su presencia empezando en Hechos 16.10 usando el pronombre nosotros, indicando que viajó con Pablo desde ese punto en adelante.

Aun cuando Lucas era una persona educada, articulada, piadosa y dotada, se hizo siervo de Pablo. Su principal ministerio era estar al lado de este y servirle en sus necesidades personales. Si alguien necesitaba un doctor de manera personal era Pablo. Golpeado, apedreado, azotado, náufrago, en prisión y con mucho sufrimiento, Pablo necesitaba un doctor de primera clase y un amigo íntimo. Es el papel que Lucas gustosamente aceptó. Aparentemente Lucas no era un predicador, no hay registro de que haya enseñado, excepto a través de sus escritos. No parece haber sido teólogo. Era un amigo que actuaba como ayudante personal y secretario de Pablo y como historiador bajo la inspiración del Espíritu Santo. Por tanto, la expresión aquí «sólo Lucas» de ninguna manera minimiza su valor, sino que simplemente demuestra que Pablo no tenía a nadie más como ayudante personal. Debido al trabajo que debía hacerse, necesitaba también a Timoteo.

El liderazgo y el ministerio se enriquecen grandemente cuando hay un confidente personal. Quizá no había nada en la vida de Pablo que Lucas no supiera. Así que atendió a Pablo cuando estaba enfermo. Se quedó con él a través de sus duras experiencias. Había visto su respuesta en cada una de las situaciones. No era una relación desproporcionada; habían viajado y trabajado juntos por años. Lucas era el compañero de Pablo y su amigo más cercano.

Estos hombres eran personas clave en el equipo que Pablo desarrolló. Ellos y otros como ellos representaban la médula de personas amadas de la cadena de Pablo.

LAS PRUEBAS QUE SUFRIÓ

Aunque Pablo continuó su catálogo de personas que tuvieron un papel significativo en su vida y su ministerio, nombró otras que, en cierta forma, le recordaban varias pruebas que sufrió.

Marcos

El primero de ellos, Marcos, fue el causante de una decepción personal severa que le provocó gran dolor a Pablo, pero desde ese entonces su relación se recuperó y ahora era un colaborador útil e importante. Pablo le dijo a Timoteo: «Toma a Marcos y tráele contigo, porque me es útil para el ministerio» (2 Timoteo 4.11).

Marcos se menciona por primera vez en Hechos 12.12 (allí se le llama Juan cuyo sobrenombre era Marcos). Lucas registra que muchos creyentes se habían reunido en la casa de su madre para orar por Pedro, que fue llevado preso por Herodes.

Es probable que la iglesia se reuniera regularmente en la casa de la mamá de Marcos. Este mismo era uno de esos jóvenes brillantes y prometedores de la iglesia de Jerusalén. Fue elegido para acompañar a Pablo y Bernabé en el primer viaje misionero. Sin embargo, según Hechos 13.13, abandonó al equipo. Aparentemente, la adversidad era demasiado para él. Era inmaduro y no tenía el valor ni el carácter para aceptar los rigores de la vida misionera, así que regresó a casa.

Pablo no tenía mucha tolerancia por las personas débiles, cobardes o que no se comprometían. Por lo tanto, unos años más tarde, cuando Pablo y Bernabé se preparaban para salir en su segundo viaje misionero, Pablo no tenía ningún interés en llevar a Marcos con ellos. No quería que alguien se convirtiera en exceso de peso o que los retrasara. Esto causó una seria disputa entre Pablo y Bernabé (según Colosenses 4.10, Juan Marcos era pariente de Bernabé).

Lucas registró lo que sucedió:

> Y Bernabé quería que llevasen consigo a Juan, el que tenía por sobrenombre Marcos; pero a Pablo no le parecía bien llevar consigo al que se había apartado de ellos desde Panfilia, y no había ido con ellos a la obra. Y hubo tal desacuerdo entre ellos, que se separaron el uno del otro; Bernabé, tomando a Marcos, navegó a Chipre, y Pablo, escogiendo a Silas, salió encomendado por los hermanos a la gracia del Señor (Hechos 15.37-40).

En otras palabras, Pablo y Bernabé se dividieron a causa de Marcos. Bernabé se fue con Marcos y Pablo se llevó a Silas. De manera providencial, esto llegó a ser una bendición porque originó dos equipos misioneros fructíferos en lugar de uno, pero durante el momento de la división con Bernabé, Pablo claramente no anticipaba que Marcos alguna vez sería útil.

Aproximadamente doce años después, cuando Pablo estaba bajo arresto domiciliario en Roma, escribió a la iglesia de Colosas. En esa epístola, Pablo envía este saludo: «Aristarco, mi compañero de prisiones, os saluda, y Marcos el sobrino de Bernabé» (Colosenses 4.10). También añadió: «son los únicos de la circuncisión que me ayudan en el reino de Dios, y han sido para mí un consuelo» (v. 11). Aparentemente Marcos había probado que era bueno y la amistad con Pablo se había restaurado.

Después de eso, según 1 Pedro 5.13, Marcos también pasó un tiempo con Pedro. Tal vez fue durante ese tiempo, a solicitud de la iglesia en Roma, donde escribió su evangelio, que refleja fuertemente la perspectiva de Pedro.

Quizás cuando Pedro fue martirizado, Marcos regresó a su labor junto a Pablo. Evidentemente le servía bien y parecía ser conocido de Timoteo. Y unos veinte años más tarde, después de su fracaso original, Marcos seguía siendo fiel. Por eso Pablo le dijo a Timoteo que lo trajera, «porque me es útil para el ministerio».

Útil, porque aun cuando una vez había sido la causa de la decepción y el conflicto del apóstol, demostró que era confiable una y otra vez. Él se convirtió en una prueba viva del triunfo que viene aun en las pruebas. Es más, él era romano de nacimiento. Conocía la iglesia de Roma y fue parte del rebaño desde el principio. Podía ser una gran ayuda para Pablo en los últimos días de la vida del apóstol.

Ciertamente, uno de los más grandes gozos en el ministerio cristiano y el liderazgo espiritual es ver a alguien restaurado después de experimentar el fracaso.

Tíquico

El siguiente nombre en el catálogo de Pablo es Tíquico. «A Tíquico lo envié a Éfeso». Tíquico se menciona cuatro veces en la Escritura. En Hechos 20.4 aprendemos que vino de Asia Menor y acompañaba a Pablo a Jerusalén trayendo la ofrenda para los santos allí. También se menciona en Efesios 6.21, en Colosenses 4.7 y en Tito 3.12.

En cada uno de los casos, su tarea especial era llevar las epístolas que Pablo escribía. Él fue quien llevó el manuscrito de la Epístola de los Efesios a Éfeso, la de Colosenses a Colosas y la de Tito a Creta. En este caso parece que fue el que trajo Segunda de Timoteo a Éfeso.

Tres de estas cuatro epístolas fueron escritas desde la prisión. Así que Tíquico aparentemente al igual que Lucas era uno de esos que conocieron los sufrimientos de Pablo. Como los pies de Pablo estaban encadenados, los de Tíquico se convirtieron en sus pies, entregando mensajes personales vitales a las iglesias que Pablo no podía visitar. Pero más que mensajes personales, eran los autógrafos de algunos de los libros más importantes del canon del Nuevo Testamento.

Tíquico tuvo la gran responsabilidad de llevar la palabra de Dios a las iglesias; por lo tanto, debió haber sido un hombre leal y confiable. Él mismo no era evidentemente un predicador, pero aun así era un mensajero importante de la verdad.

La cadena de mi propio ministerio está llena de personas como Tíquico. Le agradezco a Dios por personas que me ayudan a diseminar la predicación de la Palabra de Dios. La mayoría de ellos no hacen lo mismo que yo, pero hacen posible que el mensaje llegue al extremo del planeta, por medio de la página impresa, de las cintas de audio y de la radio. Todo líder necesita personas como Tíquico. Esa clase de personas son un apoyo maravilloso durante las pruebas.

Carpo

El siguiente en la lista de Pablo es Carpo. El apóstol le dijo a Timoteo: «Trae, cuando vengas, el capote que dejé en Troas en casa de Carpo, y los libros, mayormente los pergaminos» (2 Timoteo 4.13). Aunque Tíquico era la persona fiel que viajaba por Pablo, Carpo era la que se quedaba en casa y servía de anfitrión para el apóstol.

Carpo aparentemente vivía en Troas y le dio lugar a Pablo para que se quedara durante sus viajes. El apóstol deseaba que Timoteo recogiera a Marcos, que se detuviera en Troas y que trajera algunos efectos personales que Carpo había guardado para él. Troas se encontraba al noroeste de Éfeso en Asia Menor. Pablo evidentemente esperaba que Timoteo viajara por Grecia, que tomara un barco en el mar Adriático hasta Italia.

¿Por qué la Escritura señala que Pablo quería su capote? Observe que el versículo 21 dice que el invierno se aproximaba. El capote era una especie de abrigo de lana con un hoyo donde se metía la cabeza. Podía servir como abrigo o como cobija. Pablo necesitaba ese capote en el calabozo para mantenerse caliente. Eso nos dice algo acerca de la condición económica de Pablo y de la pobreza de la iglesia en esos días. Uno podría pensar que no había necesidad de viajar por toda Europa buscando un abrigo para Pablo. Pero obviamente era más fácil que comprar uno. Además quería los libros también.

¿Por qué dejó su capote en la casa de Carpo? Quizás no lo quería traer consigo en el verano. O fue arrestado de manera súbita y no se le dio la oportunidad de recoger sus efectos personales. De cualquier forma, Carpo es otro testigo vivo de las pruebas que Pablo sufrió, ya que era la persona que cuidaba las cosas más preciadas de Pablo mientras que el apóstol estaba en prisión. ¿A cuáles libros y pergaminos se refiere Pablo? «Pergaminos» eran escritos importantes preservados en rollos de piel animal.

Los libros probablemente se referían a papiros. Algunos de ellos seguramente eran copias personales de los libros del Antiguo Testamento. Otros tal vez eran las propias cartas de Pablo de las cuales mantenía copias. Algunos debían haber estado en blanco para qué escribiera más cosas. El punto es claro: Pablo no había terminado de leer, de escribir ni de estudiar y quería sus libros y sus escritos para utilizar el tiempo durante sus días finales en la tierra.

La cadena de Pablo no solamente incluía a personas que formaban la médula de su equipo, sino también a quienes lo ministraban y le animaban en sus pruebas. Tristemente, también hubo unas pocas personas en las que Pablo invirtió su vida y que probaron ser infieles al Señor y desleales personalmente al apóstol. También los menciona.

LA TRAICIÓN QUE SUFRIÓ

Son muy escasos los líderes que no experimentan deslealtad y deserción. El mismo Jesús tuvo que sufrir la traición de Judas. Casi siempre la traición viene cuando uno menos lo espera. La experiencia de Pablo no fue una excepción. De hecho, las heridas de la deserción de un buen amigo todavía se mantenían cuando escribía esta epístola a Timoteo.

Demas

Volvemos a Demas, a quien Pablo menciona en 2 Timoteo 4.10: «Demas me ha desamparado, amando este mundo, y se ha ido a Tesalónica». ¿Por qué la deserción de Demas era una razón para pedirle a Timoteo que se apresurara? ¿Podía ser que Demas ocupara un papel tan estratégico en el ministerio de Pablo que sólo Timoteo podía tomar su lugar? La implicación era que Timoteo necesitaba venir no sólo para animar a Pablo sino también para continuar el trabajo que fue responsabilidad de Demas.

No sabemos mucho de Demas, aparte del hecho de que estuvo con Pablo por algún tiempo. Se menciona junto con Lucas en Colosenses 4.14 como uno de los compañeros íntimos y estimados de Pablo. Cuando este escribía a la iglesia de Colosas durante su primer periodo de prisión en Roma, Demas estaba allí. Pablo probablemente escribió Filemón durante la misma época; Demas se menciona en el versículo 24 de esa breve epístola. Junto con Marcos, Lucas y Aristarco, Pablo lo nombró como uno de sus colaboradores.

Así que Demas estuvo asociado con Pablo al menos una vez desde el primer periodo de prisión en Roma. Se le debió haber dado alguna clase de ministerio importante o estratégico. Con seguridad era alguien en quien Pablo invirtió mucho de su tiempo. Y cuando lo abandonó, dejó un vacío que Pablo necesitaba que Timoteo llenara.

El verbo traducido «abandonar» es la palabra griega *egkataleipo*. Es la palabra que habla de deserción. Su raíz (*leipo*) significa «dejar». Se compone de dos preposiciones (*eg* y *kata*, que dan el sentido de «contra» y «sólo») haciéndolo aun más intenso. En ese contexto, implica la idea de «dejarme temblando». Ciertamente, Demas no sólo abandonó a Pablo sino que lo dejó en una situación nefasta, en el peor de los tiempos.

Quizás la dificultad fue demasiado para Demas. Puede ser que durante la dificultad más extrema de Pablo, Demas se imaginara el futuro. Pablo iba a perder su vida, y aparentemente Demas no estaba dispuesto a dar la suya por Cristo. Él no estaba realmente comprometido. Tal vez se había unido a Pablo debido a la causa noble. Pero realmente nunca analizó el costo. Tal vez él era como suelo empedrado, donde la semilla no tiene raíz y cuando la tribulación viene se seca (Marcos 4.16-17). O más probablemente, Demás era el ejemplo clásico del terreno con hierbas, donde «los afanes de este siglo, y el engaño de las riquezas, y las codicias de otras cosas, entran y ahogan la palabra, y se hace infructuosa» (v. 19). Probablemente nunca fue un verdadero cristiano del todo porque Pablo dijo que «amaba más las cosas de este mundo» y «la amistad con el mundo es enemistad contra Dios» (Santiago 4.4). Tal como lo escribió el apóstol Juan: «Si alguno ama al mundo, el amor del Padre no está en él» (1 Juan 2.15). Demas y Judas tenían mucho en común. Se enamoró del mundo porque aparentemente nunca tuvo un amor genuino por Cristo. Al igual que Judas, parecía seguir a Dios por un rato, pero su corazón siempre estuvo en este mundo.

¿Por qué Demas se fue a Tesalónica? Muy probable allí estaba su casa. Pablo lo mencionó en Filemón junto con Aristarco y según Hechos 20.4 este era de Tesalónica. Sin importar la razón, la deserción es clara. Amaba más al mundo que a Cristo.

Prácticamente todo líder cristiano en algún momento enfrentará la deserción de alguien como Demas; uno invierte tiempo en esa persona, piensa que está en el equipo, se ve que sigue a Cristo externamente; pero sólo trae dolor y traición cuando uno se percata de que prefiere el mundo presente. Esto no era un reflejo del liderazgo de Pablo, de la misma forma que Judas no reflejaba negativamente el liderazgo de Jesús.

Alejandro el calderero

En 2 Timoteo 4.14-15, Pablo menciona otro hombre cuya traición le causó mucho dolor: «Alejandro el calderero me ha causado muchos males; el Señor le pague conforme a sus hechos. Guárdate tú también de él, pues en gran manera se ha opuesto a nuestras palabras». Alejandro era un nombre común en el mundo antiguo; por lo tanto, no hay que asumir que sea el mismo que aparece en 1 Timoteo 1.20 junto con Himeneo como falso maestro. Tampoco debemos asumir que sea el mismo que sale en Hechos 19.33, cuyo testimonio inició un motín. De hecho, al referirse a él como Alejandro el calderero, Pablo lo estaba diferenciando de los otros Alejandros.

Este hombre era un artesano que trabajaba con metales. Quizás era fabricante de ídolos. Recuerde que un platero llamado Demetrio causó una vez un motín en Éfeso, porque la predicación de Pablo era una amenaza para su negocio (Hechos 19.24-26).

Sea cual haya sido la historia de Alejandro, le hizo un gran daño a Pablo y por lo tanto Timoteo debía ser advertido para que estuviera preparado. La causa del daño es clara: se opuso a la enseñanza de Pablo (2 Timoteo 4.15). Eso significa que rechazaba la verdad del evangelio.

Observe la respuesta de Pablo: «El Señor le pague conforme a sus hechos» (v. 14). Pablo no le estaba pidiendo a Timoteo que se vengara de Alejandro, solo que tuviera cuidado con él. Él no buscaba una venganza personal. No estaba amenazando ni injuriando a Alejandro. Tal como

Cristo, sencillamente «encomendaba la causa al que juzga justamente» (2 Pedro 2.23).

Toda persona en el liderazgo y el ministerio se encuentra con otras que rechazan la verdad de Dios y buscan dañarlos. Desean desacreditar a los maestros fieles y hacerlos ver como tontos, mentirosos y charlatanes.

Alejandro, al igual que Demas, fue un ejemplo de la traición que Pablo tuvo que sufrir.

Los creyentes tímidos de Roma

Pero todavía hubo más personas que hicieron sufrir a Pablo. En el versículo 16, Pablo describió cómo *todos* lo abandonaron después de que fue arrestado: «En mi primera defensa ninguno estuvo a mi lado, sino que todos me desampararon; no les sea tomado en cuenta».

Nosotros podemos unir las piezas del rompecabezas acerca de lo que aparentemente pasó gracias a los detalles que Pablo nos dio. Es muy probable que lo anduvieran buscando y lo capturaran en algún lugar del Imperio Romano, seguramente lejos de Roma. Quizás el mismo Nerón lo mandó a buscar porque Pablo ya había aparecido ante el emperador y era un líder muy reconocido en la iglesia. Por lo tanto, cuando Nerón comenzó a perseguir a los cristianos, específicamente buscó a Pablo.

Una vez arrestado, fue transportado inmediatamente a Roma para un juicio. Esta vez Lucas probablemente no pudo viajar con él y tuvo que hacer arreglos para viajar luego.

Tan pronto como Pablo llegó a Roma, fue llevado ante el tribunal. El sistema judicial romano demandaba que se le diera la oportunidad de defenderse en una audiencia inicial. Eso fue lo que probablemente describió como su «primera defensa». Aparentemente ocurrió antes que Lucas u Onesíforo (2 Timoteo 1.16) o cualquier otro compañero de Pablo llegara a Roma.

Pero la Iglesia de Roma estaba llena de creyentes que conocían bien a Pablo. Tal vez el apóstol anticipaba que algunos de ellos testificarían a su favor o al menos se aparecerían para darle apoyo durante el juicio. Pero nadie lo hizo.

«Me abandonaron». Él utilizó el mismo verbo que con Demas *egka-taleipo*. Lo dejaron. Lo abandonaron en un momento crucial. Estaban avergonzados o tenían miedo de ser identificados con Pablo debido a la persecución. Era increíble que lo abandonaran de esa forma siendo un gran apóstol y alguien que les dio tanto.

Observe la oración de Pablo por ellos: «No les sea tomado en cuenta» (v. 16). Qué contraste más claro con respecto a Alejandro. La razón es que la traición de Alejandro fue motivada por deseos malos. Los que no se presentaron a la defensa de Pablo fueron motivados por el temor y la fragilidad. Ellos eran tímidos, no falsos.

El deseo de Pablo es similar al de Esteban, quien dijo cuando era apedreado: «Señor, no les tomes en cuenta este pecado» (Hechos 7.60). Y refleja el espíritu de Cristo, que oró desde la cruz: «Padre, perdónalos porque no saben lo que hacen» (Lucas 23.34).

EL TRIUNFO QUE OBTUVO

Abandonado por sus amigos, odiado por sus enemigos, Pablo debió haberse sentido desfallecer. Pero en vez de eso, escribió:

> Pero el Señor estuvo a mi lado, y me dio fuerzas, para que por mí fuese cumplida la predicación, y que todos los gentiles oyesen. Así fui librado de la boca del león. Y el Señor me librará de toda obra mala, y me preservará para su reino celestial. A él sea gloria por los siglos de los siglos. Amén (2 Timoteo 4.17-18).

Cristo prometió: «Nunca te dejaré ni te desampararé» (Hebreos 13.5). Ciertamente, cuando todos abandonaron a Pablo, Cristo estuvo con él.

Pablo fue enjuiciado en una gran basílica llena de personas hostiles. Nerón mismo supervisó el juicio, considerando la importancia del prisionero. Pablo se encontraba allí, sin ningún abogado, sin ningún testigo a su favor, y sin nadie que lo defendiera. Estaba totalmente solo y desamparado en frente de una corte imperial que, desde el punto de vista humano, tenía su vida en sus manos.

Pero el Señor estuvo con él y le daba fuerzas. La expresión griega «dar fuerzas» denota una infusión de poder. Pablo comenzó a sentir el poder de Cristo en su espíritu, haciéndolo un instrumento humano por el cual el evangelio era predicado completamente, para que los gentiles lo escucharan.

Ese momento fue el pináculo del ministerio de Pablo y el cumplimiento de su mayor deseo. Él fue llamado a ser apóstol a los gentiles. Roma era el centro cosmopolita del mundo pagano. Pablo buscó una oportunidad para predicar el evangelio ante los líderes políticos y filósofos más importantes del mundo. Esta era esa oportunidad. En medio de ello, Pablo fue reforzado por el Espíritu de Cristo para hablar abierta y claramente.

«Así fui librado de la boca del león», escribió (v. 17). Probablemente en lenguaje figurado (Salmo 22.21; 35.17) dando a entender que fue librado de una ejecución inmediata. Dios lo había librado de un tribunal peligroso e hizo que se convirtiera en una oportunidad para predicar el evangelio.

Pero no terminó su período de cárcel ni acabó el peligro de muerte. Él sería decapitado en el futuro, pero note que aunque sabía que su muerte *era* inminente, escribió: «El Señor me librará de toda obra mala, y me preservará para su reino celestial» (v. 18). La liberación que buscaba era una realidad eterna, no el rescate temporal de las tribulaciones terrenales.

Cuando Pablo pensaba en la certeza de esa liberación, no podía resistir la expresión gustosa de adorar: «A él sea gloria por los siglos de los siglos. Amén». Eso era un triunfo auténtico. Y Pablo lo podía disfrutar a pesar de sus circunstancias.

Finalmente, cerró la última epístola de su vida con saludos variados a viejos amigos, noticias de compañeros del ministerio clave y saludos de parte de personas selectas en la iglesia de Roma:

Saluda a Prisca y a Aquila, y a la casa de Onesíforo. Erasto se quedó en Corinto, y a Trófimo dejé en Mileto enfermo. Procura venir antes del invierno. Eubulo te saluda, y Pudente, Lino, Claudia y todos los hermanos. El Señor Jesucristo esté con tu espíritu. La gracia sea con vosotros. Amén (2 Timoteo 4.19-22).

Observe los nombres de las personas que eran parte de la cadena de Pablo.

Priscila y Aquila

Priscila y Aquila son nombres familiares para nosotros. Eran la pareja que trabajó con Pablo en el negocio de las tiendas durante su primera vista a Corinto (Hechos 18.2-3). Ellos dejaron Corinto con Pablo y viajaron con él a Éfeso (vv. 18-19). Lo que aprendieron de Pablo, se lo enseñaron a Apolos (v. 26). Por lo tanto la influencia de Pablo se extendió hasta Apolos por medio del ministerio de esta pareja. Ellos eran instrumentos que Dios usó para ayudar a crecer a Apolos, que se convirtió en una extensión poderosa del ministerio y el liderazgo de Pablo.

Cuando Pablo escribió Romanos, seis años más tarde aproximadamente, Aquila y Priscila vivían en Roma (Romanos 16.3). Aparentemente se fueron de allí durante la persecución brutal de los judíos que hizo el emperador Claudio. De allí regresaron a Éfeso y tuvieron la iglesia en su casa, porque Pablo escribió Primera de Corintios (desde Éfeso), les envió saludos a sus viejos amigos en Corinto de parte de Aquila y Priscila y «la iglesia que está en su casa» (1 Corintios 16.19).

Así que eran una pareja que viajó extensamente con Pablo por muchos años. Eran viejos amigos y colaboradores. Pablo les enviaba saludos.

La familia de Onesíforo

Onesíforo pudo haber estado en Roma con Pablo cuando enviaba saludos a su familia en Éfeso. En 2 Timoteo 1.16-17, Pablo mencionó que Onesíforo lo había alentado frecuentemente sin avergonzarse de que el apóstol estuviera en la cárcel. Además, cuando Onesíforo llegó a Roma por primera vez, buscó a Pablo incansablemente. Aparentemente llegó poco después de esa amarga experiencia que Pablo tuvo en el juicio, cuando nadie lo apoyó. Y por eso Pablo estaba agradecido por la amabilidad que Onesíforo le mostró.

Erasto

Pablo también mencionó que Erasto «se había quedado en Corinto» (2 Timoteo 4.20). Muy probablemente este era el mismo Erasto que se menciona en Hechos 19.22 ministrando junto a Timoteo en Macedonia. Otro gran amigo y colaborador de Pablo con quien tenía una gran conexión.

Ahora Erasto se encontraba ayudando aparentemente a la iglesia de Corinto y Pablo deseaba que Timoteo se pusiera en contacto con él.

Trófimo

El siguiente en la lista es otro amado amigo, Trófimo. Según Hechos 20.4 Trófimo era de Asia Menor. También había viajado y trabajado con Pablo. Le ayudó a traer la ofrenda de los gentiles a los cristianos pobres de Jerusalén. De camino, viajó a Troas con Pablo y estuvo allí cuando Eutico se cayó de la ventana y fue revivido. Cuando llegaron a Jerusalén, los judíos se fijaron en Trófimo porque era gentil. Cuando vieron a Pablo en el templo supusieron que Trófimo estaba con él y por eso arrestaron al apóstol (Hechos 21.29).

Ahora Trófimo estaba enfermo y Pablo lo había dejado en Mileto. Debió haber estado sumamente enfermo porque Mileto se encuentra a solo cincuenta kilómetros de Éfeso. Podemos asumir que Pablo lo habría sanado si hubiera sido posible. Pero esta es una gran evidencia de que aun antes de la muerte del apóstol Pablo, los dones apostólicos de sanidad y milagros («las señales de un apóstol», 2 Corintios 12.12) estaban empezando a cesar o ya habían cesado. Obviamente no era el plan de Dios sanar a Trófimo, pero Pablo no había olvidado a su amigo.

Algunos nuevos y fieles amigos

En conclusión, Pablo envió saludos a unos creyentes en Roma que no habían huido durante la persecución: «Eubulo te saluda, y Pudente, Lino, Claudia y todos los hermanos». De estas personas no sabemos nada, pero nos dan evidencia de que aun en sus peores momentos, la influencia del apóstol era todavía poderosa y activa. Hasta en lo peor de la persecución, las personas todavía venían a Cristo y Pablo todavía les ministraba.

Finalmente, este es el resumen de la situación de Pablo. Él se encontraba en un hoyo fétido. Demas se había ido. Crescente estaba ministrando en otro lugar. Tito estaba en Dalmacia. Tíquico había sido enviado a Éfeso, Priscila, Aquila, Onesíforo y la familia, Erasto y Trófimo se hallaban esparcidos en diferentes lugares continuando la obra que Pablo comenzó. Solo Lucas se encontraba con el apóstol. Unos pocos creyentes en la iglesia de Roma también se habían quedado. Pero él deseaba ver a su hijo en la fe una vez más, para terminar de pasarle el bastón del liderazgo.

Y por eso dijo en el versículo 21: «Procura venir antes del invierno». La apelación está llena de patetismo y melancolía, aun cuando Pablo mismo era victorioso.

Él sabía que el día de su partida estaba cerca. Y también sabía que si Timoteo se tardaba, nunca lo volvería a ver aquí en la tierra; y Pablo todavía tenía mucho que decir en su corazón. Es por eso que ese tierno ruego resume y termina la epístola.

¿Fue Pablo un fracaso como líder? En lo más mínimo. Su influencia en las vidas de tantas personas nos da amplia evidencia de la efectividad de su liderazgo hasta el final. Él mantuvo la fe. Luchó la buena batalla. Terminó su carrera con gozo. *Ese* fue su legado en esta vida y en la eternidad.

ACERCA DEL AUTOR

John MacArthur, autor de muchos éxitos de librería que han cambiado millones de vidas, es pastor y maestro de Grace Community Church; presidente de The Master's College and Seminary; y presidente de Grace to You, el ministerio que produce el programa de radio de difusión internacional *Gracia a Vosotros*. Si desea más detalles acerca de John MacArthur y de todos sus materiales de enseñanza bíblica comuníquese a Gracia a Vosotros al 1-866-5-GRACIA o www.gracia.org.

VEINTISÉIS CARACTERÍSTICAS DE UN VERDADERO LÍDER

1. EL LÍDER ES CONFIABLE.

2. EL LÍDER TOMA LA INICIATIVA.

3. EL LÍDER UTILIZA EL BUEN JUICIO.

4. EL LÍDER HABLA CON AUTORIDAD.

5. EL LÍDER REFUERZA A LOS DEMÁS.

6. EL LÍDER ES OPTIMISTA Y ENTUSIASTA.

7. EL LÍDER NUNCA TRANSIGE LOS ABSOLUTOS.

8. EL LÍDER SE ENFOCA EN LOS OPERATIVOS, NO EN LOS OBSTÁCULOS.

9. EL LÍDER CAPACITA MEDIANTE EL EJEMPLO.

10. EL LÍDER CULTIVA LA LEALTAD.

11. EL LÍDER TIENE EMPATÍA POR LOS DEMÁS.

12. EL LÍDER MANTIENE LA CONCIENCIA CLARA.

13. EL LÍDER ES DEFINIDO Y DECISIVO.

14. EL LÍDER SABE CUÁNDO CAMBIAR DE OPINIÓN.

15. EL LÍDER NO ABUSA DE SU AUTORIDAD.

16. EL LÍDER NO ABDICA EN MEDIO DE LA OPOSICIÓN.

17. EL LÍDER ESTÁ SEGURO DE SU LLAMADO.

18. EL LÍDER CONOCE SUS PROPIAS LIMITACIONES.

19. EL LÍDER ES RESISTENTE.

20. EL LÍDER ES APASIONADO.

21. EL LÍDER ES VALIENTE.

22. EL LÍDER SABE DISCERNIR.

23. EL LÍDER ES DISCIPLINADO.

24. EL LÍDER ES ENÉRGICO.

25. EL LÍDER SABE CÓMO DELEGAR.

26. EL LÍDER ES COMO CRISTO.

NOTES

Introducción

1. Rich Karlgaard, "Purpose Driven", *Forbes*, 16 febrero 2004, p. 39.
2. Ibid.

Capítulo 3: Reciba ánimo

1. Charles Spurgeon, "The Church the World's Hope", *The Metropolitan Tabernacle Pulpit* 51 (London: Passmore & Alabaster, 1905).

Capítulo 4: Tome el control

1. Para un relato fascinante de la ubicación de Malta y el descubrimiento de cuatro anclas, vea Robert Cornuke, *The Lost Shipwreck of Paul* (Bend, OR: Global, 2003).

Capítulo 5: La devoción de un líder por su pueblo

1. Escribí unas quinientas páginas comentando 2 Corintios, de modo que no necesito repetir ese ejercicio aquí. Sin embargo, aquellos que deseen darle seguimiento a este libro, con más profundidad aún, pueden observar el método de liderazgo de Pablo en Corinto viendo *The MacArthur New Testament Commentary: 2 Corinthians* (Chicago: Moody, 2003).

Capítulo 6: Pablo defiende su sinceridad

1. Carta CCX1, *Nicean and Post-Nicean Fathers, vol. 1: The Confessions and Letters of St. Augustine,* Philip Schaff, ed. (Grand Rapids: Eerdmans, 1979).

Capítulo 9: La batalla del líder

1. J. Oswald Sanders, *Spiritual Leadership* (Chicago: Moody, 1967), p. 61.